いっしょにね!!

障がいのある子もない子も
大人たちも輝くために

田中 智子・髙田 美穂・いっしょにね!!●編著

クリエイツかもがわ
CREATES KAMOGAWA

PROLOGUE

“もう一人の子ども”「いっしょにね!!」誕生まで

障がいのある子どもの母に

障がいのある子どもと向き合ったのは、次女育子が初めてでした。3歳までに3度も大きな手術をして助かった命。命と引き換えに多くの障がいが残った娘を前にして、どこか受けとめきれない情けない自分に、大変苦しみました。

こんなことがありました。命の危機が去った頃に、夫が育子を抱き家族で近くの市民プールに行きました。肋骨を外しての大きな手術でしたから、身体の半周に手術痕の残る小さな身体です。水着を着せても手術痕は痛々しく感じてしまうほどでした。

夫はプールで育子と遊んでいました。向こうから、同級生が同じ年頃の子どもを抱いて近寄ってきました。私はとっさに育子の手術痕を隠したくて羽織るものを着せたのです。

夫は「暑いのに……なにするんや」と私を軽蔑するように見た気がしました。この日、私は自分の醜さと向き合いました。障がい者に対する偏見が自分にあったことがあらわになったのです。

この時期、たくさんの本を読みました。障がいのある子どもと暮らす難しさはあっても、気

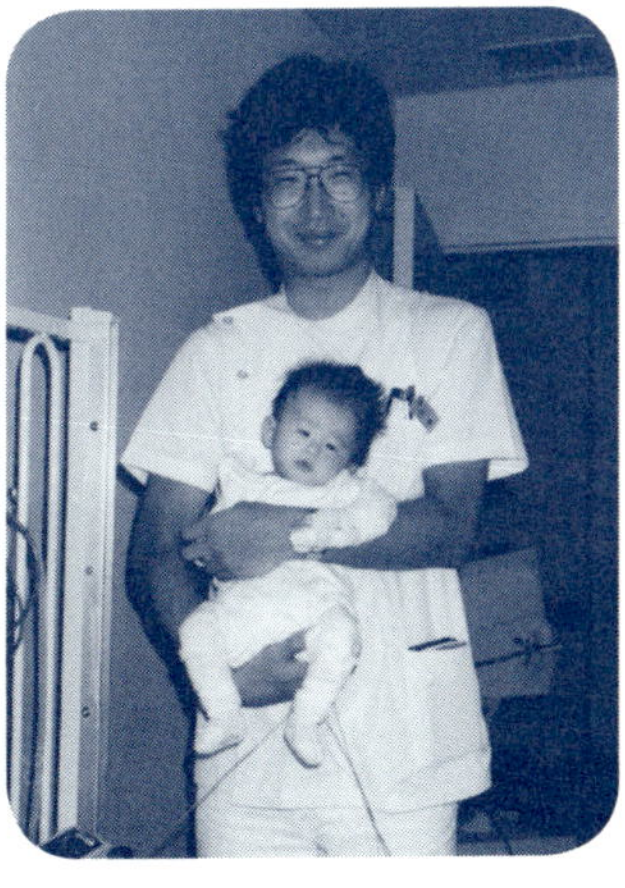

育子生後3か月目、2度目の手術後。前野敏也先生と

持ちのうえではすっきり生きたいと思いました。「神様が私を選んで授けた」でもなく、ましてや「何かの罰があたった」わけでもない、ある小児科の先生の書かれた本の一文、「人間も生物の一種。障がいのある子どもは、ある一定の確率で誕生し、それがたまたま自分の子どもであっただけ」

この言葉が私にはぴったりはまりました。

育子と療育園に母子通園する

療育園に通うきっかけは、いつも自宅の前で育子を抱いていた私に、近所に住む脳性麻痺の子どものお母さんが声をかけてくれたのです。「家にいるのなら訓練とかした方がいいと思いますよ」と、自分の子どもも通っていると言って、岸和田市にある岸和田市立いながわ療育園（肢体不自由児の療育施設）を紹介してくれました。いろいろな手続きを踏み、初めて育子と療育園へ。

育子は3歳になっていましたが、いざりばいでまだ歩行もできてはいませんでした。食が細く身体をつくる食べものにはこだわろうと無農薬に近い食材を届けてもらったりしていました。手術後のアクシデントで低酸素脳症もあり、発語もかなり遅れていました。でも人の気持ちを読み取ったりすることは当時からできました。本当に親ばかですが、夫がいつも「育子は、ほんとうにかわいい」と、言っていました。

初めていながわ療育園に行った日。岸和田市に20年以上住んでいるのに、この場所を知らなかった自分に戸惑いました。重い障がいのある小さな子どもたちが、オルガンに合わせて楽器を鳴らしたり、身体を揺らしたり、保育士の先生に抱っこしてもらって楽しんでいる様子をみるなり、大変失礼なことに、涙が止まらなくなりました。

懸命に生きている姿に感動しただけではないのです。この小さな子どもたちは、訓練で障がいは軽くなったとしても、障がいがなくなることはないのが見てわかったのです。この子たちにどのような未来が待っているのかと、一気にいろんな思いが押し寄せてきました。まだ、障がいのある子どもの母親初心者マーク時代のことでした。

保育とリハビリテーションの中で、渇望した地域とのつながり

保育とリハビリテーションの連携が取れているのが、療育園の最大の魅力です。また食育にも力を入れてくださいました。親子でたくさんの経験をしました。海水浴、芋ほり、ふれあい動物園、ローラーすべり台、親子の組み合わせを変えて散歩したりもしました。先生方の背中を押してくださるような熱意をずっと感じながら通っていました。

大好きないながわ療育園の先生と

集中力のない小さな子どもが飽きないようにとの、理学療法士(PT)、作業療法士(OT)、言語聴覚士（ST）のリハビリの先生方の工夫が、その頃は当たり前だと思っていたのですが、この療育園も先輩の父母の方たちが運動し、先生方との連携で整えてこられたのです。ありがたいことに、そのおかげで早期療育を受けることができました。先生から名前を呼ばれ「はい」と手を挙げて答えた日は、何度も呼び掛けたりして、先生と

一緒に喜び合いました。

自宅でも歩行の訓練を楽しみながらできるようにと、ホームセンターでプラスティック製の棒を買って、平行棒をたくさん作りました。姉の伸子が、平行棒に育子の好きなおもちゃを下げたり、足元に座布団を置いて、それはそれはうまく訓練の復習に付き合ってくれていました。そんな様子を写真に撮り、ノートに貼って先生に見てもらうこともありました。

充実した保育とリハビリを子どもたちは受けている間、母親たちは市への要求項目についての話合いや総合療育センターの早期建設を訴えながら自分たちでバザーも開催していました。

ところが療育園の父母の会の役員を引き受けて、つらく感じることが多くありました。障がい児の親だけが集まって、障がいのある子どもの話ばかりしていると、世間がどんどん狭くなるような気持ちになったのです。

自宅を開放し「言いたい放題の会」はじめる

世間から離れていく感覚は、遠方の療育園に通う私たち親子が、地域から離れていることから生じていると考えました。少し思い切って近所の人に声をかけて自宅を開放しました。小南ひとみさん、藤本恵さん、米本恵子さんがいなかったら実現しなかった集まりです。挨拶や立ち話ぐらいの間柄の方もいましたが、21家族が集まりました。会の名称は「言いたい放題の会」です。2年間24回続けました。

当時、岸和田市に住むダウン症の子のお母さんが本を出していました。その方に親子で来てもらって、お話し会も企画したかったのですが、私の必死の想いは前面に出さず、まず、みんなに楽しく集まってもらえるプログラムを考えました。楽しく遊びながら障がいのある次女育子を知ってもらうことで、長女伸子も私も、家族みんなが生きやすくなると思いました。

　早朝の花見の場所取りの日、育子が熱を出してしまいましたが、実家の母親に看てもらい行くことができました。花見では、長女伸子が近所の子どもたちと綱引きをしている写真が残っています。レスパイトケアのない時代の子育てですが、決して、伸子をほったらかしにしていなかった、会の活動を通して自然に支えてもらいながら、できる範囲で精一杯の子育てはしてきたのだと、今になりやっと思えるようになりました。

　そして、ダウン症の親子の方には、「言いたい放題の会」が2年目になってから来てもらいました。旧家の方が多いご近所の参加者に感想文を書いてもらい、また、それをみなさんに配ることで障がい者理解の土台の共有をしたような気持にもなっていました。

　療育園で感じる、子どもが一番かわいい時代に、世間から離れたところで時間を重ねていることをつらく感じる自分の気持ち

ご近所さんが背中をそっと押してくれました

を、それまでの仲間（地元の同級生や「言いたい放題の会」、家庭教育学級「あすなろ」、ご近所の方）に話しました。

「育子の名前を近所の子どもに呼んでもらえて、私はうれしかった。そうでない子どもがたくさんいる。療育園に足りないものは健常児。障がい児も健常児もいて当たり前ということを実践したい」と話しました。私の想いをすぐにわかってくれた友人・知人がたくさんいたことは、私の財産でした。

そして、いながわ療育園の母親たちの会議で、「障がいのある子どものことをもっと健常児に知ってもらおうよ。知ってもらうためには、いっしょに遊んでふれあうことから始めよう」と、声をかけました。

重い障がいの子どもが多い通園施設です。きょうだい以外の健常児に接することは、ほとんどないと言っていたお母さんもいました。

重度重複障がいの子どものお母さんが「うちの子どもは、よだれがすごいよ。うちの子どもに対する態度が、期待するものではなかったらと考えると躊躇する」と、本音を言ってくれました。でも、もっと重い障がいの子どものお母さんが何も言わず、まず参加してくれました。こうして1995年3月に〝ハンディのある子とない子と大人たちの楽しい出会いの会〟「いっしょにね!!」（略称「いっしょにね!!」）がスタートすることになりました。

今回の本づくりに込める想い

私たちの仲間や、これまで協力してくださった友人や市民の方々と歩んできた26年を振り返ることで、あらためて人のつながりの大切さを再確認して、感謝の気持ちを表したいと思います。また、「いっしょにね!!」で育った小さな子どもたちが今、立派な大人になり文章を寄せてくれました。このような感覚を一人でも多くの市民の方々にもっていただくための工夫をこれからも教育現場で、そして、私たちもできる範囲でしていくことが大切であることを発信する本としたいと思います。

また、子どもを介助しながら活動することは、簡単ではありませんでしたが、障がいのある子どもや家族に足りない施策について話し合って、獲得してきた仕組みや制度について振り返りたいとも思います。

さらにシニア期を迎えた私たち親世代が、きびしい生活の一端を書くことで、安心して障がいのある子どもを託せる場所に、どのような条件を求めているのか、具体的に何が足りないのかということを、みなさまにもご理解いただき、広く市民の方にも現状を共有していただけたらと願わずにはいられません。そして、よりよい福祉施策について一緒に考えていただけるきっかけになればと思います。

2019年10月

〃ハンディのある子とない子と大人たちの楽しい出会いの会〃いっしょにね!!

髙田　美穂

CONTENTS

PART 3

未来に花束を——次の世代といっしょに

PART 4

障がい者の母親の「老いる権利」とノーマライゼーション

Sarah.b

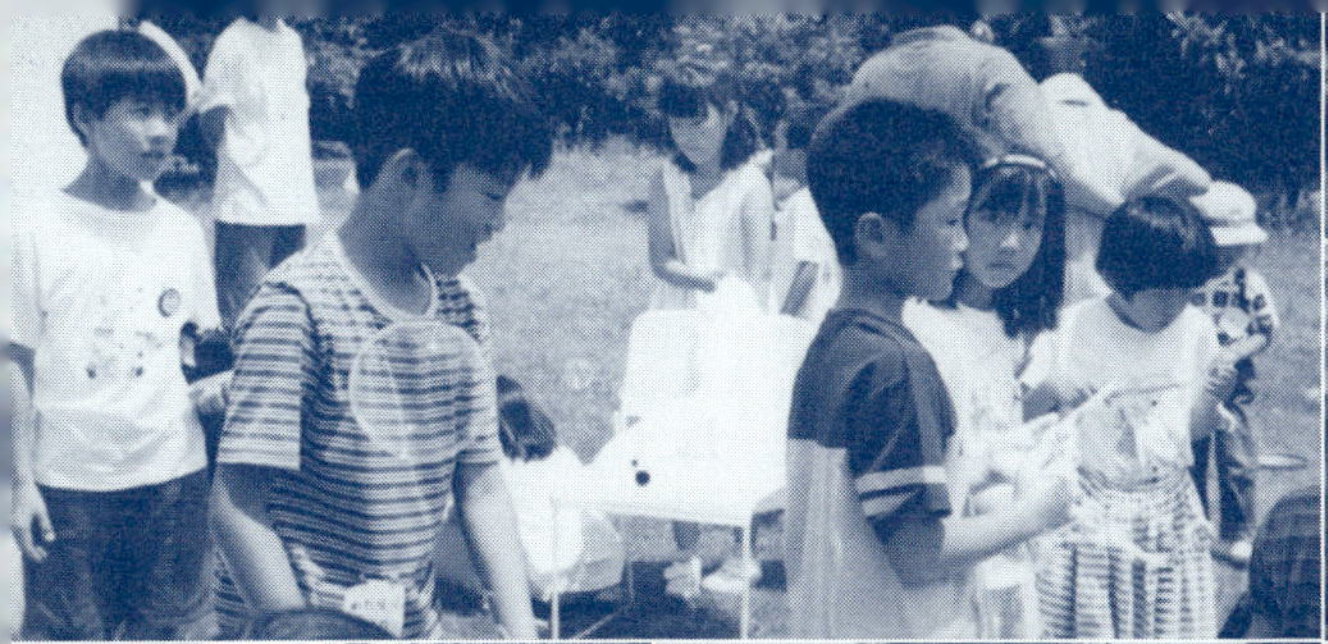

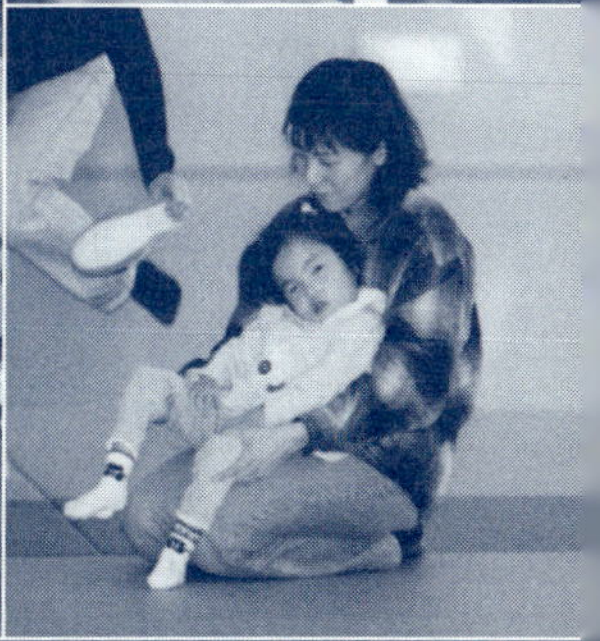

PART I

インクルーシブな子育て

健常児といっしょに!!

「障がいのある子とない子といっしょに遊ぶ会をしたい」と思い始めるきっかけになったのは、育子が2歳くらいの時のある出来事でした。

岸和田市では家庭教育学級という、地域の公民館で月に一度、親子が交流しながら学ぶ会があり、その会に「育ちゃんも連れてきたら」と、近所の人に誘われました。

夏休みに、10組以上の地域の親子で和歌山まで「一泊旅行」に行くとのこと。障がいのある子どもはうちの育子だけ。すごく迷ったけれど参加しました。そこでは誘ってくれた人が中心となって、育子を抱っこして面倒を見てくれて、私は他のお母さんと喋ったり、姉の伸子ともしっかり関わることができました。また、育子も初めて海に入ったり、と親子ともに素晴らしい経験ができました。育子をこんなに他の人に抱っこしてもらったのは初めてでした。この時に「健常児といっしょに!!」と考え始めたのです。

3歳半ごろ。歩行器で得意気に歩くように。左から伸子、育子、航君、汐ちゃん

その後、療育施設に母子で通い始めましたが、そこで出会ったお母さんたちには、そのような地域と交わる経験がないようでした。20人くらいの障がい児の母と毎日話を交わすうちに、私がした素晴らしい経験を他のお母さんにも味わってほしいと思い、「健常の子どもた

ちと交わる会をつくるから、参加してね」と声をかけました。

そして、初めての集まり。家庭教育学級で、育子をみてくれた健常児のお母さんたちや近所の人とつくった会の仲間には「手伝って」と声をかけ、市からの補助金申請も行い、介助者として来てもらいました。遊びにきた療育施設仲間のお母さんには、障がいのある子どもと少し離れて、なるべく楽にしてほしいと思いました。なぜなら、家に帰ればまた、ずっと介助するのを知っていたからです。

とはいえ、私自身もそれまでに「もうこの地域では育子を育てていけない、引っ越ししよう」と思ったこともありました。私が嫁いだのは、屋号が残っているような昔ながらの古い地域で、育子が生まれたときにショックを受けた姑さんは、思わず差別的な言葉を私に言い放ちました。このように言ってしまう姑さんも実は、苦しんでいるのはよくわかりましたが、障がいのある孫に無理解なのが耐え難かったのです。

ですが、家庭教育学級で地域の人と交流するうちに、「この地域で生きていける」という確信がもてるようになり、「一緒に生きていきたい」という願いも込めて健常の子どもと交わる会「いっしょにね!!」をつくりました。

それまで、母親同士の井戸端会議から障がいのある子どもが、きょうだいの上か下かで親の対応は違ってくると感じていました。上に障がいのある子どもがいると、親は「下の子どもがいじめられないか」と心配して、上の子をちょっと隠すような気がしていました。しかし、「いっしょにね!!」を通して、健常児と障がい児が一緒に楽しそうに遊んでいる様子を見ていると、そんな心配は大したことないと思えるようになりました。

「いっしょにね!!」に参加することで、障がいのある子どもたちのことを、胸を張って紹介できるようになって、そして地域の人たちを信頼できるようになってきたのだと思います。

「いっしょにね!!」に参加した障がいのある子どもの親たち

障がいのある子どもの乳幼児期に、そのお母さんだけで集まっていると、正直、ときどきしんどいなと思うことがありました。子どもに障がいがあるということだけではなく、親もいつも周りの人に「こうしなさい、もっとがんばりなさい」と言われているようで、何となく肩に力が入って、弱音もはきにくかったのです。

思いだすのは、30年前の古い療育施設です。母親たちは狭い待機室で、子どもたちが訓練や保育を受けている間、ぎゅうぎゅうに座って、市への要求を話し合ったりしていました。これはとてもつらかったです。心の扉を閉めて、本当の気持ちを言えない人や、子どもの障がい以外にも大きな悩みのある人、子どもの手術を控えた人たちが、3畳半の空間で向き合って話をするのです。それまで生きてきた中で、かなり衝撃的な張りつめた空気でした。その部屋に入るのは先生も気をつかうと言っていました。

私は育子が発熱のために療育園を休んだ週に「WELCOME」とリボン刺繍を施したカフェカーテンを作って部屋の扉に取り付けました。たくさんのものを抱え、しんどい親ばかりの張りつめた空間を何とかしたかったのです。「部屋に入りやすくなったわ」と言ってくれた仲間は、今でもかけがえのない大切な友人です。

そして、そんな時期を一緒に過ごした私たちは、互いに深く知り合うことができ、狭い部屋から外の社会に仲間を広げ、健常児のお母さんたちも巻き込んで、本当に大変な時期もお互いに支え合える関係を築くことができました。

シングルマザーで、障がいのある子どもを置いて逝かなければならない人の、最期の看取りをしたのも「いっしょにね!!」の健常児のお母さんたちです。「夕方になると、いつもさみしくて」と言う、死期の迫ったその人を曜日ごとに交替で、夕食前に訪ねて背中をさすり、トイレの介助をしました。その後のお葬式から子どものことまでみんなで協力して支えました。今は、育子と同じ支援学級だったその子と年に1回は会うことができ、SNSでもつながっています。元気でいることを確認できるので、きっとお母さんも安心していると思います。

また、さらに外の社会への広がりが紙芝居活動です。「いっしょにね!!」の紙芝居活動を通して、重い障がいのある子どもの親が、最初はあまり子どもの話をしなかったのが、少しずつ話すようになってくれました。そして、「○○はね」と言って、自分の子どもの様子を写真で紹介してくれるようになりました。「知ってもらいたい」一心で話す姿にとても心が打たれました。紙芝居を見て聴いている子どもは、自分たちの知らない支援学校の話を興味深く聴いていました。小さい間に、療育園や支援学校のことを知ってもらいたいと強く願います。

花田律子さんは、介助の度合いの高いちひろさんにも、たくさんの経験をさせたいという思いが強い人です。ちひろさんの弟が生まれ、しばらくは双子を育てておられるような状況でしたが、そのきびしさも乗り越えてこられました。

私たちの子育て期には、レスパイトの制度がなく、一番頼りになるのは実家の親や親せきが多かったと思います。「いっしょにね!!」に参加することで、家族や親せき以外の人と交わって本当に楽しくて、あたたかい空間が生まれました。そして、相談事も仲間と自然にできるようになりました。

「いっしょにね!!」の思い出

花田　律子

●ちひろの誕生、そして療育園への通園

長女ちひろは、生まれてすぐにいろいろな障がいが見つかりました。

はじめは周りに相談できる人もなく、地域に親しい友だちもいませんでした。

●「いっしょにね!!」に参加して

ちひろが3歳から通った、岸和田市立いながわ療育園（肢体不自由児の療育施設）で初めて親同士のつながりができました。そこで他のお母さんから「障がいのある子も、ない子も一緒に遊ぶサークルを立ち上げたので来てみて」と誘われ、第1回のリトミックに参加しました。

たくさんの親子が、まだ寒い3月の体育館に集まり、「あなたの子どもは、この人が見てくれるから」と、一人のお母さんが付き添ってくれました。託されたお母さんもおそらくこんなに重い障がいのある子どもをみるのは、初めてだったと思いますが、「注意する点は？」とテキパキと聞かれ、笑顔で付き添ってくれました。短い時間でしたが、それまで療育園の外の

毎年恒例、市民フェスのバザー会場で

世界とまったくつながりがなかったので、大変印象に残っています。

「いっしょにね!!」の初めての映画上映会では、いつもは普段着で、泉州弁丸だしで、話しているお母さんたちが、この日はビシッとスーツを着込み、それぞれの役割分担をきっちりされていました。「みんな、すごい！」映画の内容より何より、この水を得た魚のように生き生きと活動されているお母さんたちが、とても印象的でした。

●子ども会大会に参加したこと

１９９９年3月7日、岸和田市育成連絡協議会子ども会大会に「いっしょにね!!」が参加することになりました。障がいのある子どものために、空き缶積み競争を考えてくださり、ちひろも友だちといっしょに参加しました。いつもは泣いてばかりいるちひろが、たくさんの子どもたちに囲まれ、じっと声を聞いたり様子を見たりして、競技にも泣かずに参加できました。

わが家は、自分の町内会の子ども会にも参加していなかったので、はじめて地域の子どもたちとつながりができた気がしました。また、この何年か後のこども会大会では、「いっしょにね!!」の障がいのない子どもさんが、障がいのある子どもと並んで、大きな声であいさつをしてくれました。とてもうれしかったのでよく覚えています。

●みんないっしょにコンサート参加

マドカホールで行われたコンサートに参加しました。みんなそれぞれ手作りの「さをり織り」の衣装を着て、堂々と舞台を歩きました。いつもは障がいがある子を連れていたら、ジロジロ見られたり嫌な思いもたくさんしますが、みんなが、堂々と顔を上げて舞台を歩いているのは感動的でした。

私も一人では座ることもできないちひろに装具を履かせ、体を支えてなんとかいっしょに参加できました。とてもうれしかったです。この頃には、弟も2歳のやんちゃ盛りでしたが、喜んでいっしょに参加していました。

やまだいクッキング

2歳半でちひろは口で食べられるようにはなりましたが、家では部屋が違うだけで、まったく食べられなかったり、とても神経をつかいました。しかし、「いっしょにね!!」のみなさんは、食べるのも飲み込むのも、苦手なものの多い娘のために、いつも美味しく食べられるものをと、企画してくれていました。その工夫のおかげでいつもお腹いっぱい食べることができました。

お友だちといっしょに、クッキングをするのが私も娘も楽しくて、いつも楽しく参加させてもらいました。

公開ミュージックケア

「いっしょにね!!」ではたくさんの一般の方を集めて講師をお招きし、公開ミュージックケアを行いました。なかなか出かける場面の少ない障がいのある子どもには、貴重な時間であったし、障がいを知らない子どもたちにとっても、ふれあえるチャンスでした。

次々と繰り出される、楽器やボールや紐、きれいな布に触れ、親子で身体も心も解放することができました。パラバルーンの大きな布の中に入ったり、上に乗ったり、しっかり持つことができました。この頃よりパラバルーンが大好きになりました。

出前紙芝居に参加して

ちひろの下に産まれた息子が保育園に通うようになり、ちひろも支援学校に通うようになったので、私にも少し時間ができました。それでやっと出前紙芝居に参加することができました。子どもたちは可愛く素直でどんな話もスッと心に染み込んでいくようでした。パネルシアター2では、ちひろが支援学校から地域の小学校に通った経験を少し入れてもらっています。

出前紙芝居を作ろう、そして学校をまわって、子どもたちに伝えようとなったときは、そんなことができるのかと半信半疑でした。ところが「いっしょにね!!」のみなさんのエネルギーは凄まじく、どんどんアイデアを出し合い、形になっていきました。それが20年も続くことになるとは、だれも予想していませんでした。

私は、子どもたちに「みんなは足で学校まで歩いて、自分で給食をたべれるやろ？　友だちと遊んだり、話したりできるやろ？　それができない子どももいるんやで。でもみんなと遊びたいし、勉強したいと思うのは、その子もいっしょなんやで」と話します。すると子どもたちは、自分のことと置き換えて考えてくれるようです。

自分の子どもの障がいを、なかなか友だちに話せなかった私が、少しずつオープンにしていけたのも、出前紙芝居の経験があったからだと思います。

「いっしょにね!!」で思いを共有して

ここ10年以上、「いっしょにね!!」お便り係を担当しています。そのため、いろいろな場面でみなさんや子どもの写真を撮ってお便りにのせました。

その中で思うことは、夢中になって参加しているみんなの笑顔はすばらしいということ。

障がいがあるとかないとか、ここでは関係ありません。みんなが対等な関係を結び、たくさんのことを経験してきました。楽しかったり、時には苦しい場面もありました。でも「障がいがあってもなくても、みんな等しく生きる権利がある。それを社会に伝えたい」という思いは共有してきたと思います。私の家族だけでは、得られなかった多くのことを経験することができました。

ハルカスにて28歳の誕生日

「いっしょにね!!」は、自分たちで運営をして活動をしている会です。やめようと思えば何時でもやめられる。でもたくさんの方が続けているのは、人と人とのつながりは、一朝一夕にはできないからかもしれません。

「すべての子どもたちの幸せのために!」と、ずっと活動を続けている大切な仲間が、ここにはいるからです。

森野さんは、娘の早稀さんの進路については、療育から地域の小学校を選択されました。自分の子どもだけでなく、地域の小学校に通う健常の子どもや支援学校に通う「いっしょにね!!」の仲間が集まるクッキングが、その頃の早稀さんにとっても大切な空間だと感じてくれていたのだと思います。

8年間もの間、決して軽い障がいではない早稀さんと山直クッキングを続けてくれていたことは、山直クッキングには参加していない、他の活動に参加しているメンバーもお便りを通じて知っていました。

山直《やまだい》クッキングへレッツゴー

森野 有紀子

私が山直クッキングへ参加したきっかけは、当時、山直クッキング代表をされていた植田さんでした。他市から岸和田へ越してきて出産、当時、知り合いも少なく子ども（長女早稀、現在17歳）の障がいがわかり、どのようにして地域とかかわっていけばよいかわからずにいたところ、ご近所の植田さんから声をかけていただき、とある第4土曜日、地域の会館「久米田青少年会館」へ出向きました。

はにかんだ笑顔が愛しくて

中に入るとたくさんの「いっしょにね!!」のメンバーさんや地域の子どもたち、学校の先生、ボランティアたちがいて、とても楽しそうにみなさんがあたたかく迎え入れてくださいました。早稀も調理室だけでなく大会場で走りまわって、畳の部屋でゆっくりできて、とても居心地がよく安心して過ごせる場のようでした。そこでたくさんの人たちと出会い、買い物へ行ったり、公園で遊んでいると、さきちゃん!と声をかけてもらったり、いっしょに遊んでもらったり、うれしかったです。

そして、早稀が地域の小学校の支援学級に行くようになってからは、クラスのお友だちや学校の先生もボランティアで来てくださり、学校では互いに忙しく、ゆっくりかかわることが少なかったのですが、この山直クッキングで目一杯いっしょに遊ぶことができました。

当時来てくれていたクラスメイトも、山直クッキングをきっかけにサマースクールのボランティアに参加したり、ヘルパーさんになりたい！ 保育士になって障がいのある子の担任になりたい！と言ったりしています。「いっしょにね!!」のメンバーたちが、クッキングに来た障がいのある子どもたち、地域の子どもたちともにいつもあたたかく見守って寄り添ってくださったおかげで、参加した私たちやみんなにとって、かけがえのない素晴らしい経験ができたと思います。

テーブルマナー取得中

日根野さんは、「クローバーの会」の会員さんでもあります。クローバーの会は最初は「ダウン症の子どもさんの親子で遊ぶ会」からスタートし、今では知的障がいの親子の会として活動しておられます。

若い日根野さんが今年のお花見で、SNSに書き込んでくれたその日の感想文。優しい感性に、私たちシニアはほっこりしました。素直にとらえて表現してくれる、それがわたしたちのつながりの原点だと感じました。

出逢い～別れ～気づき～絆

日根野　智子

5、6年前、「いっしょにね‼」のクッキングに西村靖子さんから、「岡山町の公民館で、私たちクッキングをしてるので、友紀ちゃんも来て～」とのお誘いがきっかけで、初めは子どもがヘルパーさんと参加するだけの関わりだったのが、その内に私も仲間に入れてもらい、親子ともども毎回のクッキングを楽しみにしていました。

植田さんと靖子さんが中心になっていろんなメニューを考え、材料の買い物から参加人数の確認、食べやすさや好き嫌いの代用品に至るまで、事細かに準備していただき、私たちは当日エプロンだけを持参して、用意してもらった材料で分担しながら、子どもと関わり楽しく調理して、美味しく食べる！といった本当にありがたい環境をつくっていただいてました。

「いっしょにね‼」のクッキングに関わる中、私にとって靖子さんは、頼りになる人生の素晴らしい先輩で、靖子さんがいてくれたから乗り越えられたこともたくさんあり、勝手気ままを受けとめて、甘えさせてもらったかけがえのない方だったのです。

友紀27歳。クッキング大好き

靖子さんがお亡くなりになり、植田さんもクッキングをいったん終了。正直、会員になってるけど……意味あるのかなぁー？と考えたこともありました。だけど、靖子さんの想いを私ができる何かの形でつないでいかないといけないとの思いもあり、「お便り」作成に参加しました。

その時に突然のヒロくんの訃報を聞き、凛としたお母さんの姿、そして、それを優しさと強さで見守る愛あるみなさんの姿勢に、お便りの作成をお手伝いしながら、本当の意味の仲間ってこういうのやなぁーってあらためて感じました。

私は、「いっしょにね!!」がいつ発足したのかも、どんな活動をしてるのかもわかってはおらず、何のお役にも立たないかもしれませんが、仲間の一人でいさせてもらえたら幸いです。

「いっしょにね!!」に参加した健常児の親の感想

「いっしょにね!!」をこれだけ長い間続けてこられたのは、何よりも健常児のお母さんたちの存在が欠かせないと思います。最初に、健常児のお母さん25人、障がい児のお母さん25人を集めました。たとえば最初の頃、活動を続けるための助成金を受け取るためには、たくさんの書類を書かなければなりませんでした。最初は自分で書いていましたが、ずっとは無理だと思いました。そんなとき、助けてくれたのが健常児のお母さんたちです。こんなことは障がい児のお母さんには頼みづらい。介助で精一杯の生活が見えるからです。その後も、いろんなことを実務的に担ってきてくれたのも健常児のお母さんたちの力が大きかったです。

また仲間には、パティシエや保育士、看護士など専門的な仕事を極めていた人も多かったので、とても助かりました。仕事が早く、文句を言わずに自分の役割だと思って進めてくれました。たとえば、元保育士のお母さんは、遊びの天才で、折り紙で魚釣りを作ってきたり、シャボン玉一つとってもなかなか割れにくい、大きなシャボン玉の作り方など準備もしっかりしてきてくれて、子どもたちも大人たちも楽しませてくれました。そういう心意気に支えられて、今の活動があるんだと思います。

きっと、健常児のお母さんたちの中には、初めて障がい児をみたとき、この岸和田市にこんなに重い障がいのある子どもがいるのだとびっくりした人も多かったと思います。育子と同じ幼稚園のお母さんを、「いっしょにね!!」の活動に誘ったら来てくれました。その後、幼稚園で会うたびに、「うんうん」とうなずいて話を聴いてくれるようになりました。きっと「大変やね」という気持ちを込めてくれたんだと思います。そして今は、親子揃って、育子たち障がい者の応援団になってくれています。PART3にもそのお母さんの子どもさんが、文章を寄せてくれました。その後の生活でも障がい者の味方でいてくれたんやなと思うと、本当に涙が出るほどうれしいことです。

泉本さんは、今も仕事をしながらスーパー「イオン」のイエローレシートキャンペーン（お客さんがレシートを応援したい団体のボックスに入れ、その入った分に応じて援助金が出る）の申請や受け取り、「いっしょにね!!」のお便り印刷、配布など、目立たないところで本当にしっかりサポートしてくれています。

運動会の大玉ころがしで、泉本さんの息子の純伸くんが育子の速さに合わせてゆっくりと走ってくれました。「早く走りたい」という思いをもっているだろう小学校1年生の男の子が、そんなことをできるんだと驚いたのを覚えています。

「いっしょにね!!」と出会って

泉本　伸子

●ハンディは特別でも不幸でもないから

私と髙田さんとの出会いは、たしか長男が小学1年生の最初の参観日の時だったと思います。初めての参観で少々緊張していた私に、笑顔で気軽に話しかけてくれたのです。うちの子が髙田さんの子どもさんの育ちゃんと机を並べているらしく、いろいろお世話をやいていると……。少しおせっかいな所もある子どもなのですが、それを髙田さんは上手にほめて言ってくれました。そして、育ちゃんの身体のことをいろいろと話してくれました。

その中で、今でも心に残っているのは、「ハンディをもって生きるってことは、決して特別なことや不幸なことではないから、可哀想とは思わんといてね……」という言葉でした。私は重く受けとめました。

「可哀想」という言葉。それまで何気なく使っていましたが、たとえ優しさから言った言葉でも、相手を傷つけてしまうことがあるということを学びました。

それから、「いっしょにね!!」のパンフレットをもらい、「一度見に来て、リトミックやってるよ」とのこと。音楽には興味もあったので、3歳の次男もつれて、参加させてもらいました。

●大人も子どもも楽しく笑顔になれる

サン・アビリティーズ（サン・アビ）の体育館では、

「いっしょにね!!」に参加し始めた頃

いろいろな障がいをもった子どもたちがいましたが、大人も子どもも笑顔で身体を動かしていて、とても楽しい空間が広がっていました。あっという間に引き込まれていき、ピアノが弾けるというと、音楽担当と役までもらっちゃって気がつけば、「いっしょにね!!」にどっぷりとつかっていました。

サン・アビでは、季節ごとの楽しい遊び、お弁当を持ってお花見・夏の水遊び、秋は運動会、クリスマス会には、段ボール箱にお菓子をいっぱい貼って、お菓子の家を作ったこともありました。どれも、とっても楽しかったです。元保育士のお母さんと協力して、遊びを提供させてもらったこともありました。山直クッキングにも子どもと参加させてもらいました。

工作では、新聞紙で服を作ってファッションショーをしたり、クリスマスリースを作ったりしました。また芝生の庭で水遊びやシャボン玉で遊びました。どれも障がいのあるなし関係なくかかわって楽しみました。パラバルーンをみんなで協力して膨らませたときの笑顔。シャボン玉がなかなか吹けない子が、やっと吹けたときの笑顔。シャボン玉いっぱいに囲まれた芝生での風景は今もはっきり覚えています。この時のシャボン玉液にはレシピがあり、手作りで割れにくいものでした。針金ハンガーなどいろいろな道具で、大きなシャボン玉を作ったりして、とても楽しく遊ぶことができました。

大人も子どもも楽しく遊んで笑顔になれる、それを見ているだけで幸せな気持ちになるし、私も一緒に楽しむことができていました。もちろんわが子もです。そこにはいつもバリアフリーな世界が広がっていました。

●自主学習グループでの学びから障がい理解の紙芝居へ

当時「いっしょにね!!」は、遊びだけじゃなく、自主学習グループの一つでした。障がい者や障がい児をとりまく環境や社会について、いろいろと勉強をさせてもらいました。その中から、自分の子どものことを、みんなに知ってほしいという気持ちからオリジナルの紙芝居を作ることになり、出前紙芝居活動がはじまりました。

ここまで、広がるとは最初の頃は思ってもみませんでしたが、お母さんたちのパワーと話を聞く子どもたちの純粋な生きいきとした目を見ていると、私も段々使命感みたいなものが芽ばえ、今日までかかわらせてもらってきました。「いっしょにね!!」の会員になって私の世界は広がりました。

岸和田市の自主学習グループには、交流の場として連絡会というのがあって、その中の保育部担当となり、ボランティア保母として、講演会や各グループの学習会のときに行かせてもらうこともありました。私は大人になっても志をもって学習している人の多いこと、岸和田市にそのような場所があることに驚きました。

●定期講座「親子でWAO!」

そこからまた広がり「公民館で新しく子育て支援講座を開くので、手伝ってくれないか」というお話をいただいて、現在も出原さんと一緒に定期講座「親子でWAO!」をさせてもらっています。私の保育士の資格が役に立つことになったのです。それからは、「もう少し資格を生かして働きたい」という気持ちになった私は、保育園で働くことになるのです。「いっしょにね!!」に出会っていなかったら、このような気持ちには、なっていなかったと思います。その頃の私は、家事と育児に追われて外の世界に目が向いてなかったし、そんな余裕もありませんでした。

子育てで悩んでいたときは、先輩お母さんにいろいろアドバイスをいただき、心の支えとなってもらいました。そんなお母さんたちの優しさ、パワーをもらいながら、私も子育てを頑張ってこられたのだと思います。

何もわが子に自慢のできることのない母なのですが、「いっしょにね!!」に参加することで何かを感じてくれたら……。以心伝心で気持ちが伝わってくれたら……とも思っていました。その子どもたちも大人になり親となり、自分で言うのも何なのですが、心根の優しい子に育ってくれたかな?と思います。

●私とって「いっしょにね!!」はなくてはならない存在

現在も保育園で働かせてもらっているのですが、少し発達が遅れているかな?という子どもは、個性としてまず受けとめ「ゆっくりと大きくなる。少しずつできることを増やしていく」という紙芝居の中の言葉を思い出し、心に余裕をもって接することができているかなと思います。それは、「いっしょにね!!」の子どもたちの姿を見てきているからだと思います。成長を不安に感じている保護者の方にもそのような話をさせてもらうこともあります。

このように、「いっしょにね!!」は、私にとってなくてはならない存在になっています。みんなに囲まれているととても安心するし、あたたかい気持ちになるのです。「いっしょにね!!」に出会えて本当によかった！　ありがとうございます。これからも細く長くの付き合いですが、よろしくお願いします。

パパになり「いっしょにね!!」のことを再確認

戸部孝子さんは、私の思いつきをいつもじっくり聴いて面白がって、背中を押して最後までしっかり伴走してくれる人です。あっさりしていて、他人の悪口は決して言わず、誰にも好かれる人です。もしも障がいのある育子がいなかったら、戸部さんとは知り合うこともなかったと思います。私思いつく人、戸部さん考える人です。

「いっしょに」の大切さを教えてくれた「いっしょにね!!」

戸部　孝子

●「思惑にはまった」出会い

同じ幼稚園で髙田育ちゃんが年長組、うちの次男が年中組。お迎えに行ったときに園庭で会うお母さんの中に髙田さんがいました。

育ちゃんは年長さんにしては小さく、あまりお話もできないようで、「ああ、障がいのある子のお母さんなんやな。大変やな」というのが第一印象でした。

今から思えばその頃の髙田さんは、育ちゃんをいかに地域で育てるかに力を注いでいた頃だったと思います。

「いっしょにね!!」を立ち上げて間もない頃で、そこになんとか人を巻き込もうと腐心していたのだと思います。

そして、その思惑に私はあまりにも見事にはまり込み、「見にきてぇ」と誘われるがまま『奈緒ちゃん』の映画会に行き、「ちょっと助けてくれへんかな」と言われて、調子に乗って「いいよ」と髙田邸に誘い込まれ、書類作成を手伝いました。そして気がつけば会員となり、どっぷりはまり込んでいました。

「戸惑う」私と「意に介さない」息子

私はそれまであまり障がいがある人とかかわったことがなかったので、最初は戸惑うことばかりでした。

畳に寝転がっている赤ちゃんだと思っていた子が、その辺を走りまわっている自分の子どもと同じ3歳だと知ったとき「うわぁ、この子は、これからどんなふうに大きくなっていくのかなぁ。心配や」と、その子のこれからを思い不安な気持ちになったこと。

ある時は、元気に遊んでいると思ったら急に卒倒する子がいて「えらいこっちゃ！　どうしよう」と慌てる私をしり目に、その子のお母さんは倒れた子どもを抱えながら「大丈夫、大丈夫。発作が起こった後はしばらくボーっとするねん」と落ち着いた感じで介抱しているのを見て「ああ、お母さんはすごいな」と感心したことも。

団子3兄弟。この頃「いっしょにね!!」に参加

また、障がいについて何も知らない私は失敗もありました。ある夏の日、自閉症の男の子を支援学校のバス停までお迎えに行き、そのまま車でお母さんの待つ福祉センターまで連れていく、という任務を請け負いました。車の助手席に彼を座らせて「暑い？」と聞くと「暑い」と言われたのでエアコンを強めにかけました。すると彼がくしゃみを連発し始めたので「寒くない？」と聞くと「寒くない」と返事が。止まらないくしゃみに「大丈夫？」と聞くと「大丈夫」と返事。とめどなく流れ落ちる鼻水で、明らかに大丈夫そうではない彼をなんとかお母さんの所に連れて行き、その話をすると「自閉症はオウム返しが特徴やねん。うち

の子はアレルギーがあるからエアコンの風でくしゃみが出たと思う」と言われました。そんな自閉症について何の知識もないおばちゃんの車で、冷たい風を顔に吹き付けられ続けて……。なんとかわいそうな。

そんないろんなことがある中で「私自身が障がいのある人と過ごした経験がなかったから、こんなふうに戸惑ってしまうのかなあ。やはり小さい時から一緒に混じって遊ぶ経験が大切、それがないと障がいに違和感をもつようになるのかも」と思い、わが子にはそうなってほしくないと、子どもを連れてなるべく行事に参加しました。

すると、その場の雰囲気になじむまで時間がかかっている私とは違い、わが子は何のてらいもなく、周りにどんな子がいるかなど気にすることもないようで、ただ単純にその場での遊びを楽しんでいるようでした。

つい最近、健常児のお母さん方と「小さい時に「いっしょにね!!」に参加したときのわが子の様子」について話す機会があったのですが、みんな異口同音に「障がいがある子を助けてあげようとか、そんな気持ちでは参加してなかったように思うわ。ただ自分が楽しく遊んでいただけやった」と。

それを聞いて、ああ、それが本来の「いっしょに」遊ぶ、ということなのかな？と思いました。目の前にいる子の障がいの有無で対応が変わることもなく、ただ、同じ部屋の空気を吸いながら同じ時間を過ごすこと。そんな中で一人ひとりのことが自然とわかってきて、お互いに補い合えるようになるのかもしれません。「いっしょに」が大事だとあらためて思いました。

●「絵本にしみ込ませたい」紙芝居への思い

そして親子で遊ぶだけでなく、自主学習グループとして、障がいや障がい児者を取り巻く環境、社会についていろいろと勉強させてもらい、目から鱗がおちることがたくさんありました。

そんな学習会の中から紙芝居活動が生まれたのです。

「自分の子どもを知ってほしい、子どもが大人になる頃の社会の担い手になるはずの同年代の子どもたちに、より良い社会について考えられる人に育ってほしい」と念じながら種を蒔く作業が出前紙芝居だったと思います。

健常の子どもは、年齢が上がるにつれて手がかからなくなり、親は楽になります。でも障がいのある子のお母さんはずっと大変です。その大変な中、時間をこじあけて学校へ出向き「障がいのある人を差別するような人にはなってほしくない」と懸命に子どもたちに語っているお母さんたち。その力になりたいと、私も出前紙芝居隊の一員として、当時参加させていただいていました。

それに何より「いっしょに」参加させてもらいながら本当は自分が楽しんでいたのです。クイズに予想外の面白い答えを返してくる子に大笑いし、真剣に紙芝居を聞き入る子どもたちの瞳に感動し、何度も聞いた話なのに、最後に子どもたちに熱く語りかけるお母さんの話に心を動かされ、あとから送られてくる子どもたちの感想文にまたまた感動し、と。

思い出のつきない出前紙芝居の場で、涙ながらにわが子の話をしてきたお母さん方のあふれる思い、今回それが絵本になってより多くの人に届けられることになり、本当に感慨深いです。

●長く「いっしょに」いて思うこと

今はもう私の子どもは大人になり、親になる世代になりました。なぜ、こんなに長く「いっしょにね!!」にかかわっているのかを考えると、それは居心地がいいからです。「いっしょにね!!」の中では、時間がゆっくり流れているように思います。

せかせか効率ばかりを追い求めることが当たり前の世の中で、「いいよ。それぞれのペースで」という雰囲気がすごく心地よかったのです。それは障がいがある子どもと共に暮らすお母さん方が、子どものペースを大事にして生きているからだと思います。私は常にそんな仲間に癒され、励まされ、寄り添ってもらっているように思います。

高田さんはよく「健常児のお母さんやのに、ありがとう」と言ってくれますが、「いっしょにね!!」のみんなに「ありがとう」と言いたいのは私の方なのです。

児童文学作家の丘修三先生を囲んで

姉的存在の小南ひとみさんは頼みごとを断るのが、きっと苦手です。妹的存在である私は、そこにつけ込み、何でも一緒にやってきてもらいました。

小南さんの病気が見つかる直前、「市民フェスティバルの荷物が持てない」といつもの元気がありませんでした。ゴールデン・ウィーク明けに病院に行き、病気が見つかりました。私は、病名をネットで調べ、病院や先生方を検索して、明け方の4時まで眠れませんでした。

〝小南さんと出会わない人生〟であったならば、どんなに味気のないものであったかと思います。励ましたい気持ちと落ち込む気持ちで、私自身が不安定になりましたが、小南さんはいつも通り。副作用で眠気があっても、食欲がなくても、痛み止めを飲みながら会議に出席し、居眠りし、目が覚めれば話をし、会議のあとの食事会にも参加。一口しか食べられないのに注文をして、いつものようにしゃべっていました。みなさん、こんな人見たことありますか？

しかも今年は、地域の婦人会の会長を引き受けました。私は思わず「なんで‼」と言いました。少しはゆっくりしてほしいのに。「寒い日に、会長を引き受けてほしいと地域の人が5人くらい来て、お願いされてね。とても寒かったし、仕方ないかなと思ったの」と笑って言っていました。

本当にすごいお姉さんです。

すべてのはじまりはここから

小南　ひとみ

障がいがあってもなくても幸せを願っている

結婚してからもフルで仕事をしていた私は、ご近所とのつながりはほとんどありませんでした。私と髙田さんが年齢が近いことと、髙田さんの次女の育ちゃんと私の長男の佑介が同い年ということもあり、仲良くしてもらいました。

「いっしょにね‼」に入ってから、子どもたちは保育所の友だち以外とも遊び、健常児、障がい児関係なく楽しく遊んでいました。大人たちは子どもたちを見守りながら、たわいない話や悩みなど、いろいろなおしゃべりをして楽しい時間を過ごしていきました。

行政とのかかわりもありました。障害福祉課との対市交渉です。健常児をもつ親の私がなぜ、そんな場所に出向いたか、仲間のお母さんが出たくても出られない、そんな人の代わりに私が、障がいがある子の思いや、行政に対するお願いなどを綴った文章を涙ながらに読みました。親としては、障がいがあってもなくても、生まれてきたわが子が幸せに人生を過ごせることを願っているからです。

子どもたちは障がいがあってもなくても一緒に遊び、親たちは一緒に学び続けていくことで、すべての人が自分らしく暮らせることを考えました。私自身、子どもは健常なので、当たり前のように年齢が来れば、地域の小学校、中学校に行くと思っていました。でも、そうでない子どもたちがいるのだということを知りました。

この文章を書きだして思い出すことがありました。私が小学校に入るか入らないかのときに、よく遊んでいた子の中に当時はわかりませんでしたが、知的に障がいをもっていたように思われる友だちがいました。子どもの時は一緒に遊ぶ仲間で、障がいをもっていることなど考えもしませんでした。私は引っ越してしまったので、その後、その友だちはどうなったんだろうと考えてしまいます。

NPO法人まんまる設立10周年記念

●同じ小学校に通った仲間、いつまでも覚えてくれてる

1年生になった育ちゃんは、姉の伸ちゃんや近所の子どもたち6人くらいで学校に通いました。バギーに乗った育ちゃんを交替に押していくのです。時々、佑介がバギーに乗って育

ちゃんが押していることもあったみたいです。なんて息子だと思いましたが、育ちゃんもずいぶんたくましくなっていて、子どもの中では、それもありで6年間一緒に通いました。育ちゃんと一緒に過ごした小学校の仲間は本当に思いやりのある子どもたちでした。中学校になって育ちゃんが支援学校に行っても、いつでも育ちゃんに声をかけてくれる子どもたちになりました。

当時の健常の子どもたちは、いまは大人になりいろんな職業に就き、また、子どもをもったりと変わっていきますが、同じ小学校に通った仲間だったことはいつまでも覚えてくれていると思います。

10月祭礼、兄妹で（2017年）

3年前に健康そのものだった私が、原発不明がんになり闘病生活に入りました。病気は受け入れるしかないのですが、抗がん剤治療での副作用があり、食事がほとんどとれず体重も20キロ近く減りました。そんな中、私以上に心配してくれたのが一緒に活動をしてきた仲間でした。何かあれば家族以外に集まってくれる仲間がいることは、私にとっては大きな財産です。

「いっしょにね!!」から始まり、いろんな活動を続けて知り合えた人たちに感謝です。

出原和子さんは、まっすぐで本当に純粋な魂の持ち主です。彼女の他人を楽しませる引き出しの多さには、いつも驚かされます。こんな企画をすれば場が和むだろうなあと、常に考えているようです。保育士時代のさまざまな小道具も自宅の納戸にあり、いつでもスタンバイオッケーです。その実力、パワーで、岸和田市の子育て支援講座の講師の一人として、泉本伸子さんといっしょに活躍しています。一度のぞきに行きたいと思っています。

出前紙芝居活動と子育て、それから私

出前紙芝居隊初代隊長　出原　和子

出会いのきっかけ

私の長女と髙田さんの育ちゃんが、幼稚園で同じクラスになり「いっしょにね!!」の立上げに協力してほしいと声をかけられ、賛同したのが始まりでした。最初は幼稚園が休みの第2土曜日に、二人の子どもとサン・アビのリトミックに参加しました。そして、他にもさまざまな行事の企画・運営に率先して協力するようになりました。特に遊びの企画は得意分野。みんなで遊ぶとき、私も子どもも楽しくて、次はどんなことをしたらみんなが喜ぶかなぁと、いつも考えていました。

こんなにいいグループだから輪を拡げたいね、障がい児のことを正しくちゃんと理解してほしいね、と出前紙芝居活動の話が出たときも「面白いね。やろう!」と、乗り気になりました。紙芝居だけではなく、動きのあるパネルシアターも「いっしょにね!!」の子どもたちをモデルに作りました。話の途中に出てくる「犬」も子どもの心をつかむように工夫しました。原画は上村美鈴さんが書いてくださり、私の家に集まってポスターカラーを塗ったり、ワイワ

家族で久米田寺に（39歳ごろ）

イ言いながら仕上げました。こうして、目的をもって新しいことを始める準備をする中で、みんなの絆が確固たるものになりました。

●出前紙芝居隊で幼稚園や学校すべてにまわる

当時私は、小学校のPTA役員をしていました。PTA行事で『わたしのいもうと』を読ませてほしいと申し入れ、記念すべき第1回出前紙芝居活動がスタートしました。それから次々と回を重ねるにつれて、紙芝居にかける思いがどんどん深まりました。私たちの中には「ハンディのある子どものきょうだいの通う幼稚園や学校すべてにまわって、子どもたちの支えになりたい」という目標をもっている人もいました。また、わが子のクラスの授業に入れることもとても魅力的なことでした。

今思えば、みんなエネルギッシュな30代でした。3番目の子どもを背中におぶって授業にでたり、出前紙芝居活動の冊子や子どもの感想文をまとめたり、みんなで広報活動にもまわりました。その甲斐あって、出前紙芝居の依頼は、岸和田市のみならず、市外の幼・小・中学校、PTA、公民館、デイサービスなど次々に広

がっていきました。

また、徐々に紙芝居活動の内容も充実してきました。紙芝居に先立って、クイズも取り入れました。クイズでは障がいのある人にとっても、そうでない人にとっても便利なもの（共用品）の紹介や障がいのある人になくてはならないものを紹介できる問題を考えました。そして、第二弾として新しく作ったパネルシアターⅡの「ようこそけいこちゃん」では、テーマソング「シャボン玉にのせて」の挿入歌を作詞作曲。娘に歌ってもらいカセットテープに録音して流しました。

いじめや不登校に悩む母親をメンバーに迎え「ぼくの紙ヒコーキ」という朗読作品の作成や居場所づくりのサポートもしてきました。荒れている学校からの依頼で出向き、いじめがなくなったと後で聞いたこともありました。

●出前紙芝居400回、すべての命の誕生と同じ奇跡の歩み

紙芝居を聞く子どもたちは、障がい児のお母さんがわが子のことを語り、「子どもの命の重さは、みんな同じで大切なんだよ」と話をするとキラキラした真剣な目でこちらの話を聞いてくれて、素直に受けとめてくれます。この毎回繰り返される様子を見て、私自身がこの活動の大切さ、自分たちの使命を感じ、パワーをもらえました。そのパワーを原動力に、幼いわが子を当時、元気だった両親に子守をしてもらいながら、学校の先生から「今年も来てください」「転勤先にも来てください」との依頼に日程を合わせて、皆勤賞もので応えてきました。楽しくて無我夢中で至福の時間、生きがいになっていたかも知れません。

今は母の介護と自分自身が体調を崩して参加できていませんが、今年で400回を数える活動となりました。今までずっと支え続けてくれた方がいたからこの日を迎えることができ

ました。人数集めや学校との調整でしんどい思いをした方、会員外で助けに来てくださった方、あの世から見守っている友の顔も浮かびます。今年パネルシアターの内容がリニューアルされ、手話の会「碧い鳥」さんが広めている手話や口話を使う聴覚障がいのある子どもが登場人物に加わりました。新しく若いお母さんも頑張ってくれているのは本当にうれしいです。

私がこの「いっしょにね!!」で活動を続けてきたのはなぜか。それは、障がい児を育ててきたお母さんは、子どもと幾度も試練を乗り越えてきたからか、懐が大きくあたたかくて一味も二味も違うという共通点があり、それに惹かれて今までずっと共に活動してくることができました。気が付けば25年、知らず知らず月日が流れてきたと思います。

障がいがあるたくさんの子どもたちやお母さんとの出会い、「いっしょにね!!」が、素晴らしい活動となったこと、途切れることなくみんなで支え続けたこと、これら何一つ欠けても成し遂げることはできない、すべての命の誕生と同じ奇跡の歩みをしみじみと感じています。

館祭りチケット販売。西村靖子さんと

●「いっしょにね!!」が娘の原点

最後に子どもの話をします。末っ子も今年成人しました。子育てを「いっしょにね!!」の活動と共にし、歩んでこれたことは本当によかったと思っています。障がいのある子どもと一緒の行事で、舞台で歌ったり、踊ったり。きょうだいで「虫見つけた!」「それ水虫や!」と笑いを取ったり、運動会では一歩引いて見ているのではなく忖度なしのガチンコ勝負、勝ったら喜び、負けたら大泣きし、目いっぱい楽しんでいました。長女くるみが小学校2年生で転校した先で仲良くなったお友だちは、視覚障がいがありました。長女は彼女からいろんなことを学びました。中学生から親元を離れられ寮生活をはじめられましたが、ずっと無二の親友です。

娘は医療関係の仕事についていますが、母校の出前紙芝居には朗読の担当をしてくれ、誇らしく思います。また電動車いすを使う友人と車イスダンスパフォーマンスの舞台に立ち、仲良くなり二人で旅行に行ったりしています。娘は障がいのある人の感性に惹かれ、娘自身も磨かれて、出会った方に力を引き出してもらい、自らの進むべき道を見つけました。パーソナリティ・アナウンサー・演劇・ダンスと着実に自分の夢を形に変えています。「いっしょにね!!」が娘の原点です（娘の手記は119ページに掲載）。

私自身も時代と共に形が変わっても、「いっしょにね!!」とのご縁は大切にしていきたいと思っています。

「いっしょにね!!」や出前紙芝居を通して、出会えたすべての方々に感謝するとともに、障がいがあってもなくても幸せに生きていける世の中になりますように心より願っています。

会として活動を続けてきたからこそ

「いっしょにね!!」の活動を続ける中で、他の団体とのつながりができたことも大きな成果だと思います。

西尾徹子さんがやっていた「あじさい村」と合同で「ごっちゃにね‼」と命名していっしょにクリスマス会や運動会などをして、障がいのある大人の方たちと交わりました。その後、いろんな団体とつながっていって、今回、手記を寄せてくれた「お手話《はなし》の会　碧い鳥」や「岸和田女性会議」などは、「いっしょにね‼」をまさに物心両面にわたって、支えてくれています。

「いっしょにね‼」のメンバーの中には、それらの団体にも所属している人もいて、他の団体から学んだことを「いっしょにね‼」にも返してくれて、私たちの世界も広がるのはとてもありがたいなと思います。そして、その団体主催の勉強会などに、私たち障がい者の親を講師として呼んでくれたり、障がいの理解を広める手助けをしてくれています。またそのような中で、私たちが困っていること、抱えている課題も共に考えてくれます。

岸和田市で、「岸和田っ子プラン」というものが作られる時、策定委員に選ばれました。案の段階では、障がいのある子どものことは何も入っていませんでした。まだ、育子も小学校1年生ぐらいでした。委員の中で障がいのある子どもの親は私だけで、会議も夜でした。夫や父母に子どもを見てもらって出席していました。会長は山本健慈先生。会議に出席し発言するたびに、涙があふれるような想いでした。そして、最終的には「地域で子どもの顔が見える街」の副題どおり

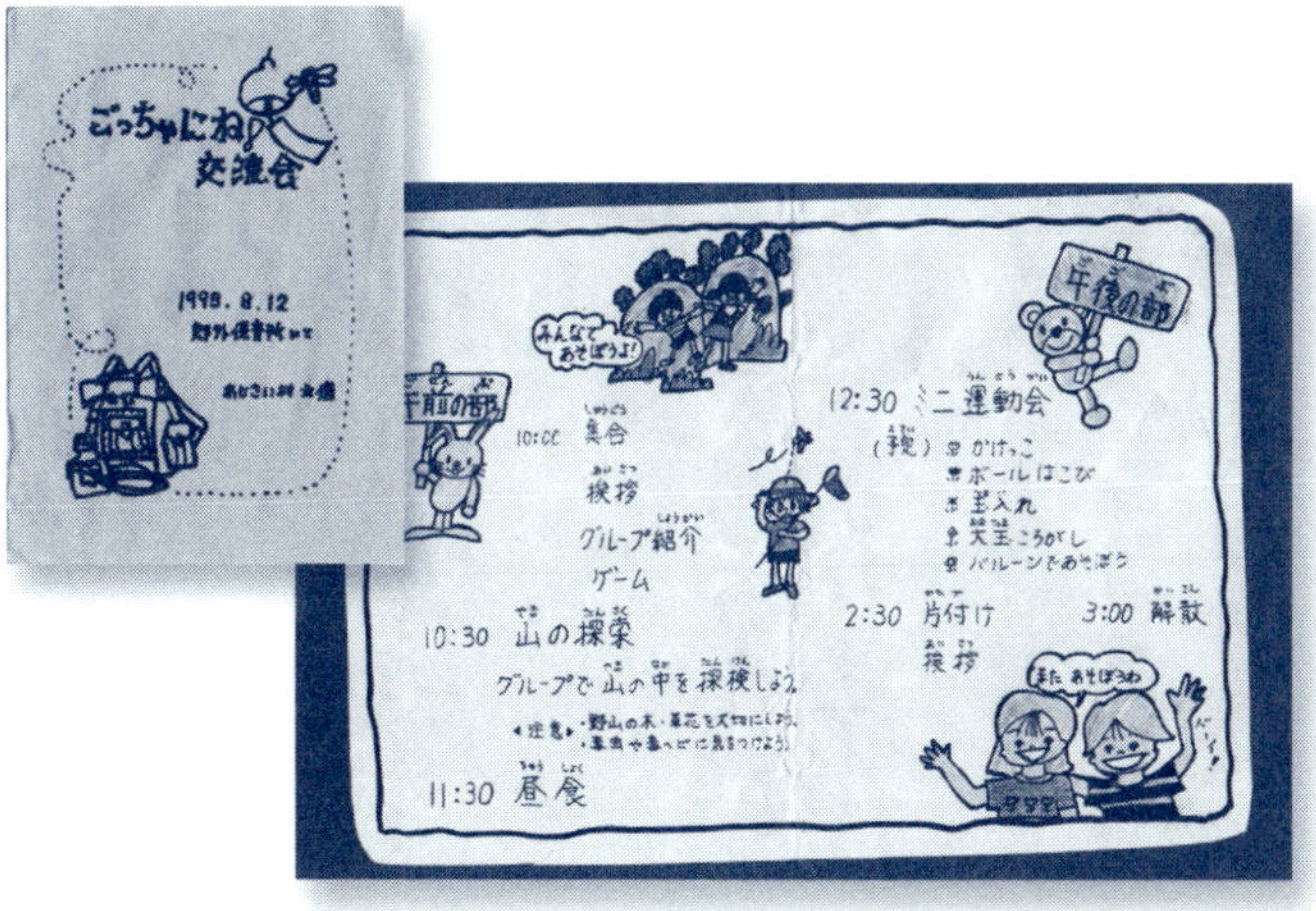

に、障がいのある子どもの顔も見えるような文面に出来上がって、満足いくものとなりました。ですが、あくまでも文面ではです。中身をつくっていくのは、市民なのですから、たくさんの市民の理解が必要です。言い続けて、実践することが大切なのです。

岸和田は子ども会活動が盛んで、さまざまな行事があります。でも大阪府の支援学校に行っている子どもたちは地域の子ども会に入会していませんでした。地域の小学校の名簿から子ども会の名簿がつくられるからとのことでした。名簿から障がい児が抜け落ちているという話を聞いた子ども会連合会の人たちが、「子ども会大会」に呼んでくれ、20人くらいの障がい児やきょうだいが参加しました。

それまでのプログラムにはドッチボールしかなかったのですが、育子たちのような重い障がいのある子どもたちはできません。だから事前に打ち合わせして、缶積み競争なら親子でできると、プログラムに加えてくれました。健常の子どもたちは障がいの重い子どもをあまり見たことがないようで、最初は戸惑いを感じていたけれど、そのうちワイワイと遊び始めたのを見て一緒に参加したきょうだいたちにもよい影響があったと思います。私たちもうれしかったです。

その後、岸和田市障害者施策推進協議会、岸和田市人権尊重のまちづくり審議会などにも親の立場として声がかかるようになりました。障害者福祉予算が削られそうなときに、待ったをかけたら、丁寧に審議しなおしてくれました。結果、福祉見舞金は全廃されたけど、打ち出された代替施策は整備中です。このように声を出す場所があることを大切にしたいと思います。

ここ数年、岸和田山手のだんじり祭で、障がい者も仲間に入れたと実感する画期的なことがありました。本来、だんじりは駆け抜けるのが勇壮で見せ場なのですが、高齢者や障がい者の観覧席の前で、あえてブレーキを踏んでいったん止めてくれるようになったのです。そして、少しの距離だけど、障がい者も小さな子どもも一緒にだんじりを引こうということで、ゆっくり進んでくれるところができました。

それまでだんじりについていけない障がい者は、子どもと一緒に、後ろを走るしかありませんでした。岸和田で育つ子どもたちは小さい頃は後ろについて走りますが、大きくなるにしたがって前で綱を引くようになります。前に行けない私たちの子どものことを思うと、なんとも言えない気持ちになっていたのだけれど、こうやって参加させてもらえることで、本当の意味で岸和田の地域の一員になれたと思えました。

こうやって、一つひとつの場面で、自分たちの生活や思いを伝えることで協力者や応援団が増えてきました。まさにインクルーシブな社会につながっていると思います。


私は岸和田市障害者施策推進協議会の委員を長年させていただいています。青木光代さんは聴覚障がいの委員の方の手話通訳者の立場でずっと出席されています。

手話通訳の方は2時間の会議の間、何度か交替されます。聴いて手と口を動かして通訳するのは、見ているより大変なことなんだと思います。青木さんは若手の指導にも力を入れておられて、活躍の場所がないと広がらないと考えておられました。

「いっしょにね!!」とともに

お手話《はなし》の会 碧い鳥　青木　光代

障がいのことは、子どもの頃から自然にわかることが理解を深めると私は思っていました。碧い鳥を立ち上げてから、「子どもたちに聞こえない障がいについて、話せるところがあればいいなあ」と思っていました。

「あっ！『いっしょにね!!』さんが、小学校、幼稚園の子どもたちに障がいについて紙芝居活動しているやん。私たちも一緒に活動させてもらえたらいいな」と思い、髙田さんに打診したところ、快く承諾してくれました。この7年くらい一緒に活動させていただいて、障がい児を抱えるお母さんたちの切実な話に心打たれています。

「本当に、周りの人の理解を得るのは大変なことなんや。そのためにお母さんや家族が頑張っている」と痛感しました。

「遊ぼう!!」の手話

●母の想い

私は以前は、障がい者のヘルパーの仕事をしていました。その時に障がい児を育てているお母さんが、子どもが言葉らしきものを発すると、「今、ママって言ったよね」と聞かれたことがありました。

私は正直わからなかったのですが、「そのように聞こえましたね……」と言ったことがあります。それがよかったのかは、今となってはなんとも言えないのですが、その時のお母さんのうれしそうな顔が忘れられません。母親が自分の子どもの日々の成長に一喜一憂してしている様子に感動しました。

また、私がヘルパーの仕事をやり始めたとき、自閉症の子どもと一緒に遊んで家まで送り届けると、お母さんが「大変だったでしょう？　ありがとうございました」と声かけしてくれました。「いえいえ、楽しかったです」と答えましたが……実は電車の中では走りまわるし、雨上がりのブランコの下で靴はドロドロになるし、泣きそうでした。そんな私の気持ちが顔に出ていたのかもしれません。今さらながら反省の気持ちでいっぱいです。でも最後のお母さんの言葉が忘れられません。

「私には、この子しかいないのよねー」と。

私たちは時間を限られているから大変でも頑張れる。でも毎日、子どもと向かい合うお母さんたちが、ほっとする時間もつくってあげなければならないなと感じました。

●音のない世界

また、聞こえない障がいをもって生まれてきた子どもの親は、少し物心がつく頃には、家中のものすべてに名前シールを（テレビ、レンジ、いす、ポット、テーブル、カーテン、電話など）貼っていたとの話を聞いたことがあります。物はわかるが、それに名前があることがわからないのですから一から覚えなければならないのです。今は、いろんな便利な機器が進化して出まわっていますが、昔は大変だったと聞いています。

大人になっても聴覚障がい者は、見た目だけではわからないため、なかなか障がいがあると理解してもらえないことが多々あります。一つの例として……混んでいるエレベーターの乗降ボタンの近くに聞こえない女の人が立っていました。奥にいるどなたかが、「〇階のボタンを押してください」とか、お願いしたので

「チーム　碧い鳥」

しょう？

彼女は聞こえないから、ボタンを押しませんでした。すると降り際に足を蹴られて、「突然のことに何が起きたのかわからず、とてもびっくりした」と聞いたことがあります。たぶん蹴られた理由は、そういうことなのだろうと彼女が想像したのだと思います。

このように、聞こえないことから起こる、さまざまな誤解があります。音があふれているこの世の中で、音のない世界で生きている人がいるということを、みなさんに理解してほしいと思っています。みんな、それぞれ違っても、みんな仲良し、それが個性。お互い助け合って生きていく、ということが、「いっしょにね!!」のみなさんの原点だと思っています。

●ありがとう

正直言うと私は、出前紙芝居のクイズのエレベーターのボタンのことも、ユニバーサルデザインのことも知りませんでした。お恥ずかしい。でも今は、みなさんの気持ちも少しは理解できていると思っています。また、パネルシアターに聴覚障がい児の成長しているように成長していると思っています。また、じゅんこちゃんを登場させていただき、みなさんで絵の変更、セリフの変更など大変なのに……本当に感謝しています。

私たちはみなさんと一緒に活動できることを誇りに思っていますので、これからも一緒にがんばりましょう。

碧い鳥の赤坂さん。元幼稚園教諭で子どもたちのことを見る視線がとてもやわらかくあたたかい方です。一時期、歩きにくい時期があったのですが、ご主人が車で送迎してくださっていました。こんなあたたかい人たちに支えられ、応援してもらえることが誇らしくもあります。

出前紙芝居活動に参加して

お手話《はなし》の会 碧い鳥　赤坂　佳子

●子どもたちに「障がい」の話をしているときの気持ちが熱い！

私が「碧い鳥」として、「いっしょにね!!」の活動にかかわるようになって5年になります。グループの名前はずっと以前から知っていました。「いっしょにね!!」の名前を知っていた頃、岸和田市の公立幼稚園で仕事をしていました。勤務した幼稚園で身体障がい児や難聴児とかかわったことがあります。しかし、まさか自分がいっしょに活動することになろうとは夢にも思っていませんでした。それが今、一員として幼稚園や小学校で「手話」を通じて同じ場で活動しているのですから、不思議な縁を感じます。

「いっしょにね!!」のみなさんと活動していて思うのは、子どもたちを前に「障がい」の話をしているときの気持ちが熱い！ということです。その姿には、いつも感動し、元気をもらっています。

●もっとユニバーサルデザインの商品を

参加したばかりの頃、「目からウロコ」状態になったのが、パネルシアターや紙芝居とともに行っていたクイズでした。視覚に障がいのある人が「牛乳パッ

紙芝居400回記念　2019年７月11日

ク」と「コーヒー牛乳やジュースなどのパック」の違いがどうしてわかるのか？「アルコール飲料缶」と「アルコールの入っていない缶」の違いもなぜわかるのか？などです。

答えは、牛乳は紙パックの上部には小さなへこみがあり、アルコール飲料缶には「おさけです」の文字と点字（さけ）で見ても触ってもわかるようになっているということです。

障がいの有無や年齢に関係なく、誰もが便利に使える工夫がされていることに気づかされました。クイズを聴いた子どもたちの中から、将来このような「共用品（ユニバーサルデザイン）」の商品開発を考える仕事をしてくれる人がでることを期待してしまいます。

また、活動に参加する回数が増えて来て、紙芝居を読むこともあります。紙芝居は実際に障がい児を育てているお母さんの体験を基に作られています。子どもたちに障がいのことをわかってもらいたいという思いが込められているので、一つひとつの言葉を大事に読みたいと思っています。そして、「碧い鳥」としては、手話をもっと身近なものとして知ってもらうために、子どもたちといっしょに手話をするコーナーを担当しています。

「いつでも、どこでも、手話がある社会」の実現を

私が仕事をしていた頃と比べ、子どもたちの反応は雲泥の差があります。今は幼稚園の子どもたちも、聴こえない人たちが「手話」で話すことを知っているからです。手話が広まってきたことを感じます。だからこそ子どもたちには、「ありがとう」「こんにちは」「いっしょに」「遊ぼう」など、日常よく出てくる手話表現を楽しく、きちんと伝えたいと思います。そして、聴こえない子どもと出会ったときに、「いっしょに遊ぼう！」と、手話をしながら声かけのできる子どもが増えることを願っています。

退職してから始めた「手話」ですが、「碧い鳥」を通じて「いっしょにね!!」さんといっしょ

に活動することで、「いつでも、どこでも、手話がある社会」の実現に少しでもつながるよう活動を続けていきたいと思っています。

「いっしょにね!!Yamadai」がスタートしたころ、真新しい地域のセンターを利用していましたが、障がいのある子どもの特性から少し居心地悪く感じているときに、久米田青少年会館を使ったら?と館長の中川麗子さんが、声をかけてくれたと聞いています。伸び伸び伸びと活動できる場所がなければ、続かなかったです。

「いっしょにね!!」にエールを

中川　麗子

●障がい児と健常児のふれあうことの大切さ

私が「いっしょにね!!」に出会ったのは、まだ「社会教育」での学び、公民館での学習活動が活発だった頃、1997（平成9）年度に自主学習グループの仲間になった自主学習グループ「いっしょにね!!」としてでした。私は転勤家族で、岸和田に住んで、「くすの木家庭教育学級」、自主学習グループ「コスモス」「あしび」で日本の歴史を学ぶ活動をして10年経った頃でした。

そして、「岸和田市学級・グループ連絡会」で、

「いつも支えていただき、ありがとうございます」

自主学習グループ交流委員会の仲間として、岸和田の社会教育の発展のために共に連絡会活動を行っていました。「いっしょにね!!」が仲間になったことによって、それまで公民館の講座に障がい児の保育がなかったのが、2000（平成12）年度よりつくられるようになったことは大きな成果でした。障がい児と健常児がふれあうことの大切さ、私たちが障がい児を保育することによって理解することなど、いろいろなことを教えてもらうことができました。

このように家庭教育学級、自主学習グループと年代、学習テーマが違う仲間が集って情報交換し、お互いを高め合い培ってつながって、岸和田市の社会教育を発展させてきたのが「岸和田市学級・グループ連絡会」でした。

●地道な活動に拍手

1998（平成10）年4月より、久米田青少年会館館長として勤務することになりました。2年目だったと思いますが、手づくりの紙芝居を作るのに公民館を使いたいとの申し出があり、喜んで使ってもらい、久米田青少年会館でまた、つながりができました。紙芝居を一生懸命作っているグループのみなさんを見て、完成するのが楽しみでした。これが縁で、この年から公民館まつりの模擬店コーナーに参加してもらいました。

翌年には「いっしょにね!!」のメンバーの方から、餅つきのセット一式を公民館に寄贈していただき、それからは公民館まつりの模擬店に、餅つき実演販売が加わり好評でした。私は3年間勤務し、翌年には大宮青少年会館に代わりましたので、いつまで餅つきが続いたのかわかりませんが、この原稿を依頼されたことによって、久しぶりに久米田青少年会館での「いっしょにね!!」のみなさんとの関わりをなつかしく思い出しました。

その「出前紙芝居」活動をずっと続けてこられていることは、小南さんから時々聞いていましたので、「すごいなぁ、頑張っているのね」といつもその地道な活動に拍手を送っています。

私たちを「岸和田市民」として育ててくれた自主学習グループも岸和田市学級・グループ連絡会もなくなりましたが、社会教育で培った精神はいろいろなところで花開き、つながっていると信じています。

親も子どもも暮らしの中に大切な仲間がいるということ

ここに文章を寄せてくれた人たちは、私が「いっしょにね!!」を通して、まさに一緒に子育てをしてきた人たち、今ふうに言うと「ママ友」です。障がいのあるなしにかかわらず、子育てには悩みがつきものだと思います。生まれたときは、「生きてくれてありがとう」と思っていたのが、成長するにつれて、「もっとこうなってほしい、ああなってほしい」という思いを抱いてしまうものです。障がい児の親の場合は、「生きててくれてありがとう。笑顔をありがとう」だけど、「もっともっと」を求める健常児の子育ては、つまずくことも多いのかなと思います。

そんなとき、ただ一生懸命に生きている障がい児の姿をみて、励まされると同時に、「自分が求めすぎていたのかな」と振り返ることもあるように思います。

何人かの健常児のお母さんの文章の中で、「いっしょにね!!」につながれたことで、子育てに自信がもてたという感想がありました。子どもたちは素直なので、障がいの有無にかかわらず、一緒に仲良く遊んでいました。活動の後に、記録に残そうということで、子どもたちにもよく感想を書いてもらっていました。その中で印象に残っているのは、「私は、Aちゃん（障がいのある子ども）と握手をしようと思ったけど、Aちゃんの手はとても冷たかった。でもそれ以上に、自分の手が冷たかったのでやめました」と思うことや、「誰の心にもいじわるな虫がうごめいている。それを止める力が必要」と書いてくれたこと。子どもたちなりに、いろんなことを感じてくれていました。

小松里町世話人の方からの声かけで（2016年10月）

また、長女の仲子は、小さいころ手品が好きで家でもよくやっていたのだけれど、学校ですると、「はりき、はりき（張り切っているの意）、きっしょい、きっしょい」と言われたのが嫌で、「前に立つのが大嫌いになった」と言ったことがありました。でも、「いっしょにね!!」の活動では、そんなことをいう人は誰もいないので、『いっしょにね!!』のグループでは、みんなに自分の好きな手品を見せることができます」と書いてくれたことも、とても印象に残っ

20周年記念。クラブコントラーダにて（2015年３月）

ています。

「いっしょにね!!」の活動をとおして、「自分の子どもがこんなにしっかり育っている」「勉強だけでなくやさしい心がはぐくまれている」と親たちは、子どもの育ちにちょっと自信をもつことができたんだと感じています。

これまで一緒に子育てをしてきて、これから一緒に歳を取っていくことになるママ友が地域にたくさんいることは、私にとってもとても心強いことなのです。

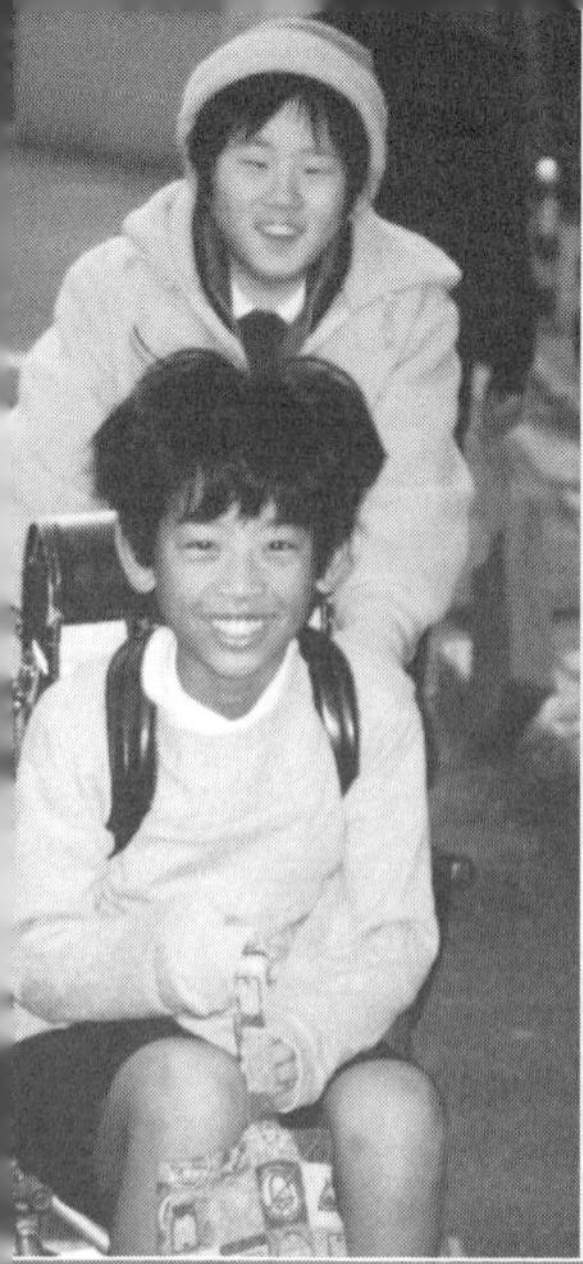

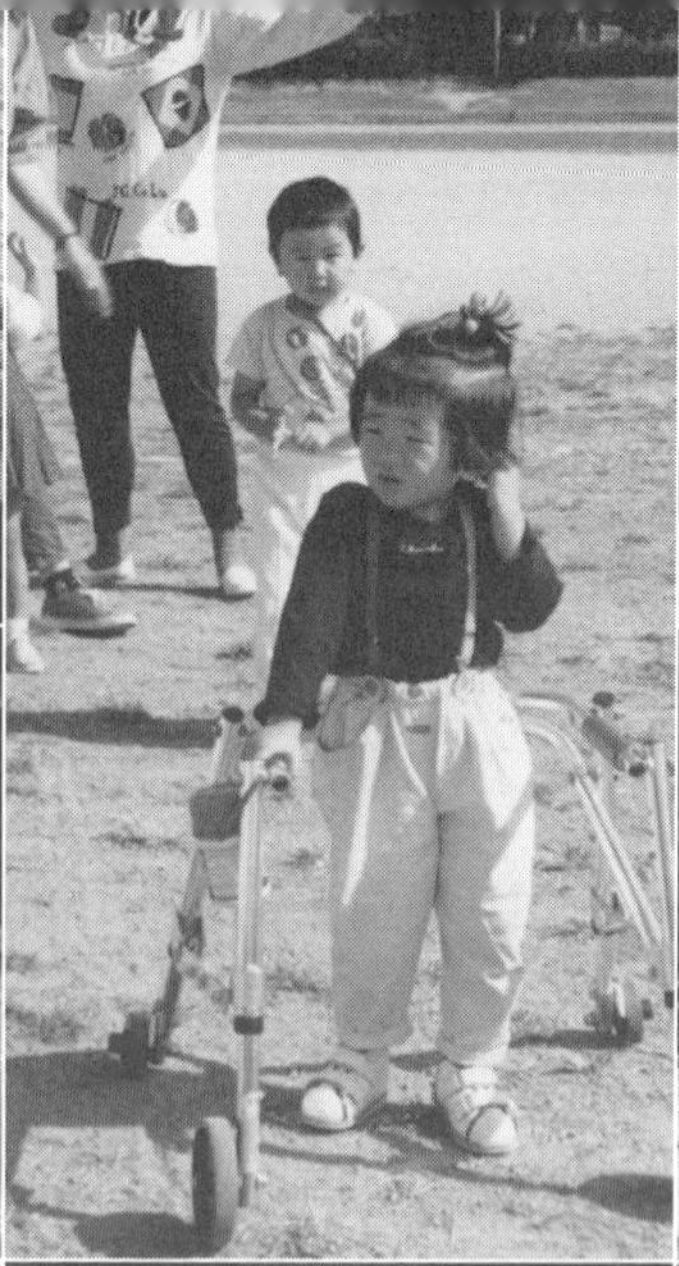

PART 2

今の私たち

歳を重ね、子どもたちは大人に

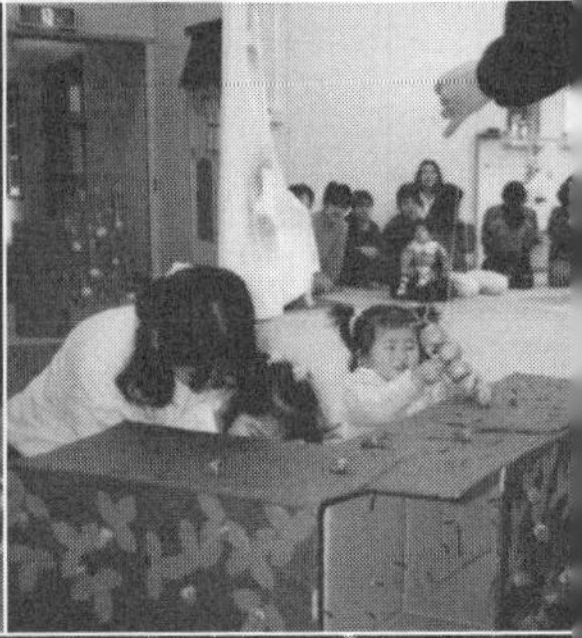
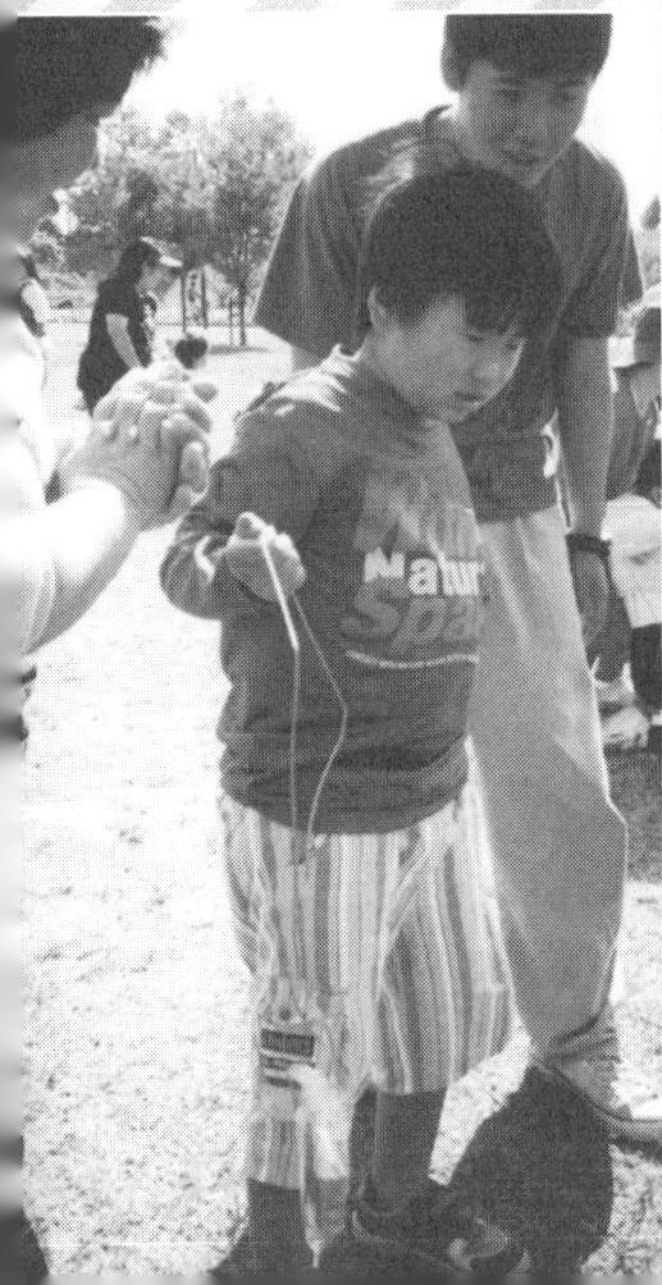

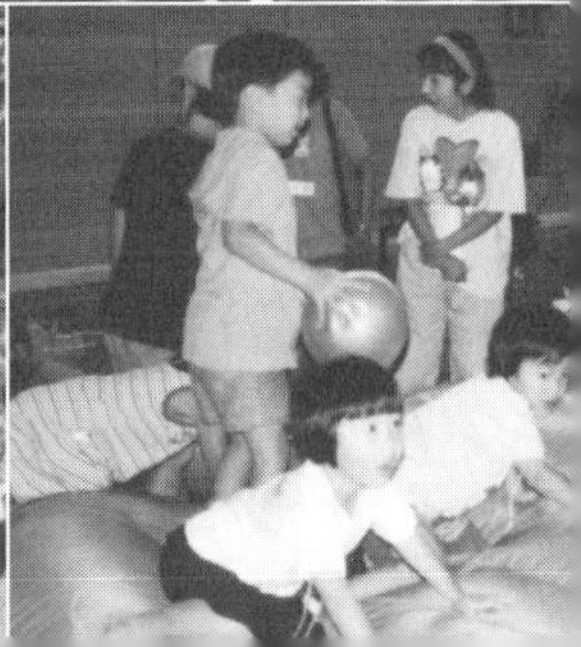

子どもの放課後保障と親の就労を求める運動のための『聞いちゃって――障害児子育てのホンネ・家族の思い』（クリエイツかもがわ、2004年）を出版して早15年。あの当時、小学生、中学生だった子どもたちは、すでに20代後半から30代にさしかかっています。そして、私たちも50代から60代になりました。

あの当時を振り返ると、本当に大変な生活だったけど、日中は子どもたちのケアをし、放課後や夏休みの居場所をつくる取り組みを、そして夜には、放課後保障を求める運動や本を出すための会議をと、よくやっていたなと思います。おそらく、日々の生活は大変だったけど、子どもたちが成長していくのも楽しみだったし、私たちも若くて多少睡眠時間を削っても何とかなっていた。そして、活動を続けることで、子どもたちの未来は何とかしたいと期待も込めていたし、きっとなるだろうという展望ももっていたように思います。

そして、今の現実。子どもたちはもちろんそれぞれに成長しました。だけど、それと同時に、不調や新たな病気、そして、加齢に伴うものかどうかはわかりませんが、いろんな心配事も出てくるようになりました。そして、これまで一緒に活動してきた仲間の中には思い半ばで亡くなる人も出てきていて、とてもやりきれないさみしさが募ります。また自分や配偶者に病気が見つかった人、そして親の介護なども重なっている人も出てきて、あの頃のように「がんばればなんとかなる」という未来を描きづらいなと率直に感じています。この本の出版を検討する中で、ぜひ書いてもらいたいと思って声をかけた人もいたけれど、「子どもの大変な部分を書くのは、子どもに失礼なんじゃないかと思えてしまうぐらいの状態があるの」と言う人や、これからのことを考えたらもっとしんどくなるということで断られた方もいました。そういう人たちの思いも含み込んでの今回の本なんだなと考えます。

子どもたちの成長と変わらない親たちの暮らし

子どもたちの成長と共に、親たちも年老いてきました。今のところ大きな不調などありませんがそれでも若い頃とは違い、目が見えにくくなったり、家事が遅くなったりと確実に老いを実感します。

同じように子育てをして、歳を重ねてきた健常児のお母さんとの大きな違いとしては、一言でいうと慌ただしさかな。子どもが手を離れた健常児のお母さんは、人それぞれだとは思いますが、孫の話をしたり親の介護の話をしたり、大変やといいながらも悲壮感はなく、誰もが通る道と向き合っている人が多いような気がします。

一方、私たちの場合は、親の介護が始まっても、まだ子どものケアもあるから悲壮感が漂っている気がします。そのような現実を目の当たりにするとき、インクルーシブな子育てをめざして来たけれど、やっぱり私たちは「障がいのある子どもの親」なんだ、「やっぱり障がいのある子どもを育てるということは大変なんだ」ということを強く突きつけられるような気持ちになってしまうのです。

そんな生活の中で、昔も今も変わらず、会議、会議、会議。障がい者にかかわるいろんな会議に出続けているのですが、果たしてこれがどのくらい意味があることなのか……でも、出ないと福祉が後退するのは目に見えているので、やめるわけにはいかないのです。

ある会議は、私たちより高齢のお母さん方が中心的な存在です。先日の会議で、「80歳になっても子どもを自分でみたい」という発言を聴いて、そう言わざるを得ない状況もわかるような気もするのですが、自分はそこまで覚悟があるのか、そして、そこまでしなければならないのか……揺れ動きました。

障がいのある子どもの親である私たちは、ケアを離れるために子どもを誰かに託すのも一騒動。着替えの服や下着も含めて何枚も入れ、タオルを入れて、生理用の下着やナプキンも入れて、作業所用の着替えを入れて、ノートもショートステイと作業所用と2冊書き……とあれもこれもと荷物がかさばる。1泊するためにカバン2つ分。毎回がお泊り保育のようなもの。

それでもこのまえ、夜に生理用のおむつがないと連絡がありました。ナプキンは持たせていたのに。そして次の日、タオルが濡れてないので、あれ?と思って聞いたら、生理だからお風呂に入れなかったと。たった一泊でもこんな感じなのに、本当に暮らしの移行はできるのか……不安はつきません。

2018年に開催したシンポジウム「誰が決めるん? 命のおもさ」で、置田千鶴さんは多くの市民を前に、重度重複障がいのある剛志君との暮らしについて発言してくれました。大変、勇気のいることです。この告白が無駄にならないように、やはり歩みを止めてはいけないと心新たにしました。若い時と同じように動けないのは悔しいですが、この年齢だから見えることがあると思いました。

人生を紡いで

置田　千鶴

人生には、予想外のことがたくさん起こります。うれしく楽しいこともあれば、悲しくつらいこともあります。身体や言葉など発達に遅れのある子をもつことは、親にとって何よりもつらい「予想外の人生」ではないでしょうか

●予想外の人生の始まり

息子の名は剛志と言います。切迫早産で入院していたにもかかわらず、出産時に病院の不手際もあり、肺いっぱいに羊水を吸いこんでしまい、剛志は1994年10月18日重度の仮死で産まれました。肺の羊水を吸引、その後肺を膨らませるための薬を流し入れ蘇生。そして、蘇生後入れられた保育器の中でも、呼吸が止まっていることがわかり、急きょ大学病院に搬送されました。

そこでも1日に何度も呼吸が止まり、肺炎を併発しICUへも何度も入り、1日として心が休まる日はありませんでした。

もしかしたらと最悪のことを考える母を、叱咤するかのような剛志のスゴイ生命力はまるで「嫌や！　生きたい！」と叫んでいるように思えました。低酸素脳症、剛志につけられた病名です。

●つらい闘病生活　手を差し伸べてくれたのは

半年以上もの入院生活からやっと退院の目処が

剛志１歳の誕生日。最愛の夫と

決まり、親子4人穏やかに暮らせると思ったのもつかの間。今度は主人の胃がんが見つかり、剛志と入れ替わるように入院、手術。その後も入退院を繰り返す中、剛志も岸和田市立いながわ療育園（肢体不自由児の療育施設）に入園し、そして卒園後、岸和田支援学校へ。

剛志が入学した頃は、低学年はずっとスクールバス1便下校13時半に帰って来ます。主人が入院した大阪狭山市の近大病院は岸和田からは遠く、また面会時間は午後からで、とても看病に行く時間はありませんでした。実家の父の心臓手術も重なり、実家を頼ることもできませんでした。病院の面会時間を午前からできるようにお願いし、看病に通うことができたのですが、剛志の帰宅時間までに帰らなければなりません。心の余裕もないところに時間の余裕さえも与えてくれなかったのです。とうとう治療の術が何もなくなってしまい、病院から付き添ってほしいと言われたときに、すぐさま剛志をどうすればと悩みました。

夏休みも間近の頃でした。預ける所を探すために、市役所に何度も足を運びましたが、まだ6歳の幼く障がいのある剛志を預かってくれる所はありませんでした。しかし当時、給食のなかった短縮授業に入ると支援学校の先生方がお昼のお弁当を、福祉関係に従事していた友人たちがそのあとの時間を見てくれ、助けてくれました。

主人なりにがんばってくれたのですが、とうとう7月の末に亡くなりました。私たち家族にとってもつらい5年間の闘病生活でしたが、剛志が通った療育園や支援学校、またいろいろな活動で出会えた、たくさんの友人たちが支えてくれたおかげで、乗り越えられたのだと思います。本当に支援にまさる大切な友人たちです。

●子どもたちの放課後の居場所が必要

私たちには「障がい児の学童保育」がぜひとも必要だ。それに気づかせてくれ、運動に導いてくれたのは、いつもいつも温かく気遣ってくれる、大切な友人である髙田美穂さんでした。個々で活動していた団体が「願いはふつうに暮らすこと」「すべての子どもたちに豊かな放課後を」という共通の熱い思いをもって結集。「障がい児の学童保育」がほしいと運動に奔走しました。この運動の道のりが並大抵ではなかったことは言うまでもありません。そしてやっと私たちが待ち望んだ「放課後等デイ」の前身である障がい児タイムケア事業「ほっとスペースあん」が発足。岸和田市に初めてできた「障がい児の学童保育」でした。

「ほっとスペースあん」は、障がい児をもつ家族には「気持ちの余裕」を、そして、子どもたちには退屈で貧しい放課後ではなく「普通の子どもたちが過ごすような楽しい放課後」を与えてくれたのでした。今の学齢期の子どもたちには、もうすでに「放課後等デイ」があり、学校や自宅への送迎まであります。息子剛志は、今はもう成人になってしまいましたが、もし当時これがあれば、あんなにも時間にがんじがらめにならず、精神的にも余裕をもつことができたのではと思います。

母の宿題

ありふれた暮らしの中にこそ幸せがあるのだと思います。

今、剛志がいるからこそ味わえる楽しい時を、笑いのある日々を送っています。そして、つらいときいつも私に寄り添い、支えてくれた娘は、結婚式のエスコート役を弟剛志にさせたのです。本当に、本当にうれしかった。やんちゃな可愛い孫

沼町だんじり男23歳（2018年）

も生まれました。「悲喜こもごも至る」という言葉があります。その言葉通りの人生を歩んで来たような気がします。

そして、私自身も乳がんを患い、また歳を重ねたこともあるかもしれませんが、腰を痛め、今また右足の半月板も損傷してしまいました。私の身体も悲鳴をあげているのかもしれません。それゆえに、剛志の将来についても「終の住みか」を考えるようになりました。でもそこは、安心して託せる所でないといけないと思うのです。

「終の住みか」そこでは、親や家族がするようなきめ細やかな優しい支援、当たり前の支援をしてほしいです。気遣いのできるスタッフ、ゆとりのある環境で支援をしてほしいと思ったとき、ふと相模原の津久井やまゆり園の事件のことが頭をよぎりました。私たち家族は人と人とのつながりがいかに大切かを、身をもって知っています。支援してくれるスタッフの方々との信頼関係が築けることがぜひとも必要ではないかと思います

人の支援を必要としなければならない息子。いくら今の平穏な日々をずっと楽しみたいと思っても、また、そばにいてやりたいと思っても、老いゆく親なのです。いずれ先に逝くのは、自然の摂理。安心して託せる所をみつける。これは親である私の最後の宿題です。

最近、外出時に手助けをお願いせずとも、手伝ってくれる若い方も少しずつ増えています。それは、とってもうれしいことです。剛志たちが笑って暮らせるような優しい社会になってほしいと願います。そのためにも、もっとこの子たちのことを知ってほしい。そして、たとえ障がいがあろうが、この子たちなりの人生を、この子たちなりに精一杯生きているということも知ってほしいと思います。この子たちが「安心して生活できるところ」「良い人生を送れる社会」そうなれば、先逝く親にとって何よりうれしく、安心できることではないでしょうか。

山本じゅんや君の発作は何度も見ています。最初に見たのは観光バスの中。苦しそうなじゅんや君、お母さんの様子が忘れられません。発作の頻度は最近まで知らなかったのです。発作から醒めたじゅんや君が、迎えに来てくれたお父さんに「お父さん、ありがとう」と何度も言うのを聴き、直子さんがやさしい子どもに育てたなあと感心したことがありました。

大きな発作が起きたときは、私は早く発作が止まるようにと願うしかなく、できることも限られていますが、じゅんや君の身のまわりのことは、直子さんのすることを見て覚えました。だから、プロなら任せられると思いますが、いざ自分の子どもとなると簡単に割り切れない気持ちもよくわかるので、専門家に任せてみたらどう？と強く言えないのです。

でもいずれ、夫婦で介助できなくなるのは私たち夫婦も同じです。

障がいのある息子とともに歩んできて

山本　直子

新しい命の誕生

わが家の次男じゅんやは、だんじり祭りの試験引きの翌日、予定日より20日も早く生まれました。「きっとこの子、だんじりが大好きで早く生まれたかったんやなー」と主人と誕生を喜びました。

1歳の時に初めて熱が出て、けいれんを起こしました。数日後、平熱の時にも何度か意識が薄れて目の焦点が合わなくなり、あわてて救急車を呼び入院して調べることになりました。医師から「て

発作がまだなかった頃。じゅんや10か月

んかんです」と診断を受けたときは、とても不安で、どうしてじゅんやが？という思いでいっぱいでした。たくさん育児書を読み、少しでもこの不安をぬぐってくれる言葉をさがしていたように思います。

てんかんは大脳の神経細胞が、普段は規則正しく活動しているのですが、突然乱れて発作を繰り返し起こす病気です。ほとんどの人が、服薬治療で発作はなくなっていきます。じゅんやも小さいころは発作は少なく、2歳違いの兄の後ろを追いかけて公園でブランコの立ちこぎをしたり、すべり台をすべったりと、副作用でふらふらしながらも、なんでも好奇心旺盛に挑戦してみる子どもでした。知的な遅れが少し目立ってきていましたが、合う薬が見つかれば発作はなくなり、きっと普通の子と同じように生活ができるはずだと思っていました。

●発作と付き合っていくという現状

現在27歳、小発作は毎日、大発作は週に一度2分ぐらいの強直間代発作を起こします。知的な遅れは最重度、薬が効きにくい難治性てんかんと診断されました。小脳の失調で常にふらつきがあり、まっすぐ静止して立つことができません。外出時は車いすを利用しています。薬の副作用や繰り返す発作の影響で、ふらつきが増し、座っていても大きく左に傾いたり、前に傾いたりするので、食事の時はお皿に顔がうずまりそうになるときがあります。また、急に腕がピンと強直して、おかずがひっくり返り、食事もゆっくり食べられないときがあります。

家で歩行するときは常に付き添っていますが、先日顔からこけてしまい眉の下を4針縫うけがをしました。身長は170センチ、体重は80キロ近くあるので、こけたときの衝撃が大きいです。1年前はトイレでこけて背中を便器で打ってしまいました。幸いけがはなかったのですが、便器の座る部分が粉々に割れてしまいました。また入浴時に大発作を起こすと、まったく動けなくなるので、主人が上半身を持ち、私は足を持って湯船から出します。「いつまでじゅんやを担ぐことができるんやろう」とよく話をします。本当に家の中でも目が離せない毎日です。週に一度ヘルパーさんが来てお風呂に入れてくれるので、大変助かっています。

●周りの支えがあってこその生活

日中活動としては、毎日作業所に行き、シール貼りや園芸、タオルの数を数えたり、自分にできる作業に精を出しています。工賃をもらうことがとてもうれしいようです。「お仕事がんばる！」とやる気だけは、誰にも負けていないそうです。また、仲間とカラオケやゲーム大会などのお楽しみもあります。休日は月に1、2回ヘルパーさんが二人介助でお出かけをします。発作があったとき、安全を考慮しての二人体制です。障害者センターで車いすのままバスケットシュートに挑戦したり、レストランで外食を楽しんだりしています。作業所で発作が起きたり、外出中発作が起きたりすることもありますが、病気を理解していただいて、見守って介助していただいています。

家族だけでは外出するのが億劫になってしまっていますが、「いっしょにね!!」のクッキングやミュージックケアに参加するのはとても楽しみです。大発作を起こして失禁してしまったときに、さっとモップで拭いてくれる髙田さん。本当に感謝の気持ちでいっぱいでした。

このように大好きな仲間や職員さんとグループホームなどで暮らせたら楽しいだろうなと想像することもありますが、今はまだ通所作業所にはグループホームはなく、最近、別の事業所のショートステイをときどき利用できるようになってきました。

●願いはふつうに暮らすこと

『聞いちゃって』発行から15年がたち、最近は自分の老いを感じることがあります。長年の介護で、足腰や手首に痛みが蓄積してきました。いっしょに見守ってくれていた実母は83歳で軽度の認知症です。その様子を見ていると、自分もいずれこのようなときがやってくるだろうと悲しい気持ちもありますが、そのときまでに、あともうひと踏ん張りと考えるようになりました。

足こぎ車椅子でマラソンの練習をしています。じゅんや26歳

一つは、将来歩けなくなってしまわないか心配があり、「NPO法人ぽっかぽかランナーズ」さんの足こぎ車椅子でのマラソンを知りました。あらゆる障がい者ランナーに伴走ランナーをマッチングして、マラソン大会への参加をサポートしている団体です。まだ始めたばかりですが、今年はじめて3キロマラソンに挑戦しました。少しずつ距離を伸ばしていきたいです。休日家にいることが多いわが家ですが、月1回、青空の下で運動できる喜びをみつけました。

いっしょに過ごせる趣味として、楽しみたいという気持ちがあります。そしていつか私たちがいなくなっても、じゅんやの趣味と足の運動になればいいなと思って参加させてもらっています。

もう一つの願いは、じゅんやを自立させることです。親は先に死にます。兄にはじゅんやを気にかけてほしいですが、生活全般を託すわけにはいきません。兄の人生があります。毎日こんなに大変な介護を、身内以外の人がやってくれるのだろうか？と不安になり、やっぱり私しか見てあげることができないのでは？と思うときもありますが、私も子離れをしっかりしないといけません。そして、できれば親のように何事も親身になって接してくれる信頼できる人、場所を早く見つけてあげたいと考えています。

まだまだこれからですが、「いっしょにね!!」で出会ったお母さんからのパワーをわけてもらいながら、ともに進んでいきたいです。そして、発作が少しでも減るように、笑顔がたくさんの人生を送れるように願うばかりです。

木下さんとは、いながわ療育園で知り合い、子ども同士は同級生です。先日、久しぶりに1時間以上も電話で話をしました。出会ってからも、お互いの家族に数々の変化と苦難がありました。そんな話も泣きながら、さらりとしてしまう強さが彼女にはあります。泣いた後はいつも「もう大丈夫やから」と、言って笑っています。

笑顔のままで

木下　綾子

「先生、また乗ってなぁ」

この言葉を聞くだけで、なぜか、とっても幸せを感じてしまいます。

現在の私の職場は、支援学校のスクールバスの運行をしている会社です。ときおり、欠員が出たバスにも乗車しています。娘が支援学校に通っていた12年間、スクールバスの利用をしていました。保護者であったときとは、真逆の立場です。

あの頃、学校に対して、先生に対して、「もっと、こうしてほしい」「もっと、娘のことを理解してほしい」と、強く願っていました。今、バスの介助員として大阪府下各所のバスに乗車する際、保護者さんの言動に、あの頃の自分の姿を重ねてしまいます。しゃべることができない。身辺自立もできていない。この子は自分の思いを人に伝えることすらできない。母である私は、必死に娘にかかわってくださる方々に理解を求めていたように思います。私が頑張らなくては、この子の人生は成立しないと……。

「お姉ちゃんやで〜」

娘は28歳になりました。

15年前、『聞いちゃって』の出版時も思いを綴らせていただきました。当時、思春期を迎えた娘は夜間一睡もせず、しかも日中は目を見開いて、ひきつった顔で暴れたり叫んだりする時期でした。なかなかつらい時期ではありました。現在、薬の服用もあり落ち着いた娘。私が仕事から戻るとニコニコ笑顔で迎えてくれます。娘もまた、毎日作業所に通所し、作業所が運営するショートステイの利用もしているので、家にいないことも増えています。

正直、ショートステイの利用をすることに、〝ウシロメタサ〟がありました。娘を預けて私は自分の時間をつくっていいのだろうか。平日正社員として働き、障がいをおもちの生徒さんのことを第一に考えて仕事をしている私。トラブル・クレーム対応で帰宅も遅くなりがち。結果、娘とほとんどかかわる時間がない。でも、休日は施設に入所している父のところや身体が丈夫でない一人暮らしの母の買い物などにも行ってあげたい。そして、私自身も休憩したり、息抜きをする時間がほしい。葛藤を続けながらも、ショートステイの利用は私にとって必須でした。

●ショートステイも心地よい居場所の一つに

当初は預けられたと感じたのかショートステイでも部屋でふて寝していたそうですが、現在はリビングのソファーを陣取り、スタッフの方にいたずらしたりわがままを言ってみたりしながら、それなりに楽しんでいる様子。きっと、ときおり作業所の職員さんや、退職後も娘の顔を見がてら、お手伝いする元職員さんがかかわってくださったからだと思っています。娘のことを本当に気にかけてくださる方々に感謝です。娘にとってショートステイも心地良い居場所の一つになり、嫌がることもなく受け入れてくれています。

28歳になった娘にとっての次のステップ。それは、親から離れてそれなりの自立をすること。彼女に結婚はない（勝手に決めつけるなとお叱りを受けるかもしれませんが）。出産することもない（妊娠したらそれはそれで大問題！）。でも、自分の居場所、快適に過ごせる空間をもてること。

●人の手を借りないと何もできないは変わらない

おしっこ、ウンチだって漏らす。夜中にウンチを漏らしてしまったらシャワーしたり大騒ぎです。一人でご飯も食べられない。もちろん、お風呂も……。同性介護の大切さは理解しているつもりですが、現実として15年前『聞いちゃって』の頃と何も変わらず、むしろ体重63キロになった娘は、足も以前より悪くなり、毎日主人がお風呂に入れてくれている状況。

洗顔も、洗髪も、歯磨きも、着替えも、服薬も、靴を履くことも、外出することも、お買い物をすることも。どれも人の力を借りないとできない娘です。

●みんな子どもたちのために

実態として、支援学校スクールバスの介助員さんは大変です。傷だらけになったり、いきなり頭突きをされて鼻血が出てしまったり、噛まれてしまったり。日々奮闘してくださっています。ある意味バス内は密室なので、子どもたちにとってリセットするための逃げ場がありません。大きな声を出さずにいられない生徒さん。その声がどうしても受け入れられない自閉症のお子さん。ついに我慢できずに自身もパニック。それが怖くて泣き出す生徒さん。

そんな中、少しでも子どもたちの心が楽になるように頑張ってくださっている介助員の方たち、安全運転を徹底してくださっている運転手の方たちと、私は日々お仕事をさせていただいています。また、学校の先生と相談して、どうしたら落ちつけるか、どうしてあげることが、その生徒さんにとって大切かなど話し合いをさせていただきます。ほとんどの先生方が、親身に対応してくださいます。学校に通っている間、本当に障がい児への環境は良い形で変化し広がっているように感じています。障がい児には専門機関で教育を受けたスペシャリストである先生方がかかわってくださいます。教育委員会の元、先生方は日々子どもたちのために動いてくださっていることを、現実に近い位置から感じることができる環境にいる私です。

●本当に長い卒業後の課題

支援学校に通っている生徒さん、本当に個性豊かで、ときおり対応に悩んでしまいます。

私にとっては本当に純粋で可愛い子どもたちではありますが……。でも、卒業後。ここからが長いのです。幾つかグループホームや施設の見学にも行きました。正直、「私たち親は、妥協しないといけないのですか？」「なぜ、このお仕事を選ばれたのですか？」

あまりの対応に、何回かこの言葉を発しそうになりました。

18歳から一つ年を取るだけで環境が大きく変わってしまいます。義務教育終了後、高等部に通うことが当たり前にできるようになった現在。ここで終わりではないのです。ここからが本当に長いのです。

●理念と現実とのギャップ

近年、福祉系学科がある大学も増えているように思います。きっちり福祉について学ばれた若い方々。毎年、福祉施設等に就職されている方はいるはず。しかし、離職率は高い。その要因の一つに運営側が掲げる理念と現実のギャップが挙げられていました。実際、学校とは違い経営が絡んでくる中で、稼働率も考えなければならない点は本当に大変だと思います。「気持ち」だけでは、成立しない諸事情もたくさんあるのだと理解はしています。でも、障がい者に寄り添って理解を深めたいと思っていたのに、実際はまわすだけで精いっぱいの現場、管理職に訴えても忙しく取り合ってもらえない空虚感など。利用者である障がい者に対して真正面から向き合ってくださる方ほど、このような状況に陥ってしまうのであるとすれば、私に

弟の独り立ち。〜笑顔でお別れ〜

とっても、もちろん利用者になる予定の娘にとってもつらい現実です。

●娘から大きなパワーをもらっている

私の朝は早く、5時半には家を出ます。決して仕事は楽ではないです。支援学校のスクールバス内で、子どもたちを正しく見守ることができる方を1人でも増やしたい思いで、あらゆるバスに乗っています。私自身がこのように動けるのは、会社自体がほぼ支援学校や就学前施設に特化した運行をしていること、そして経営者の考えがそうであるからです。また、私と同じ思いで一緒に頑張ってくれる仲間がいること。本当に恵まれた環境で子どもたちとかかわることができることに感謝です。

娘に私の仕事内容は理解できません。でも、早起きの彼女は毎朝、私を笑顔で見送ってくれます。十分に大人になった彼女に見守られ、なぜか大きなパワーをもらっているように感じています。「私の後輩たちのために、頑張って来い！」と背中を押してもらっているような気持ちです。

『聞いちゃって』から15年。ここから15年後、彼女は自立していることでしょう。真剣に障がい者にかかわってくださる方々に助けてもらいながら。15年後は福祉従事者への待遇や保障、環境や指導が行き届いている世の中になっていてほしい。私に元気をくれる「彼女の笑顔」が、ずっと守られますように。

伊都さんは不思議な人です。まじめに語っているかと思えば、〝まあええやん〟が入る感じです。クリスマス会などで、子どもたちを前に全力でマツケンサンバを踊り、サン夕の扮装でクイズを出し、手品を披露してくれたこともあります。
最近、体調を崩され心配しています。何か行事があれば、夫婦仲良くくっついての参加がうらやましいです。

生きぬく

伊都　繁雄

●自分探しの旅での出会い

私は大学生のころアルバイトに精をだし、お金をためて海外を放浪しておりました。個人旅行なので飛行機の手配からホテル、行先も行程もすべて自分で決めました。当時はやっていた自分探しの旅でしたが、インド、スリランカを旅したときに衝撃的な光景を見てしまいました。それはスリランカの首都コロンボで夜店を見て回ったときでした。人だかりの小屋に入ったところ、シャム双生児が見せ物となっておりました　にっこり笑って私のほうを見たような感じだったのですが、あまりの衝撃にすぐに外へ出てしまいました。

インドで一人散歩をしていたとき、向こうのほうから不思議なものが地面を這うようにやってきました。目をこらして見ていると下半身のない現地の人が、明らかに手製のコマ付き戸板に、長い棒のようなもので船の船頭さんのように漕ぎながら、すごいスピードでやってきて目の前を走り去っていったのです。

1か月の旅行のなかで、未だに特に印象に残っている光景です。40年前のことですが日本では考えられない。なんとなくかわいそうな思いをもったのですが、なぜかシャム双生児も戸板のおっちゃんも、ニコニコしていたのが不可解でした。これは他人事、自分にはまったく関係はないと思っていたのですが、あれから20数年の後、ダウン症の子どもを授かりました。

悩みに悩んだ就学の選択

現実がまったく理解できない中、家内と二人でいろいろ話をして勉強をし、どうすべきか考えました。ダウン症の全国大会へも参加し、大学生の人や英語が話せるダウン症の人を見てなんとなく安心し、自分の子もこれくらいできる、ここまでは無理でも普通に暮らしていけると思っていました。しかし歩くのも遅く、いながわ療育園でもできない組のようで、運動会でもちょっと難しいなという感じでした。でも突然できることが増えて、あの大学生や英語の堪能な人に近づけるはずと信じていました。

ほんの少し歩けるようになり、新しい場所「パピースクール」にお世話になることになりました。いろいろなことを学習し、みんなに追いつける、がんばれ、これからやと思ったものの私が考えていた通りにはならず、すべての成長が遅くというより成長してるのかどうか疑問と思う状況でした。そうこうするうちに小学校はどうする、地域か支援学校か決断の時が近づき、夫婦で大いに悩みました。

4歳年上の姉に私が連れていく、学校でも面倒をみるから同じ学校にしてくれと言われ、うれしかったのと小学生にこんなに心配させて申し訳ない複雑な心境でした。

先輩のお母さん方も意見はいろいろでした。「地域の学校がいいよ」「支援学校のほうが専門性が高く成長するよ」などの意見でした。悩みに悩みましたが、最終的に排泄ができない。このことでご迷惑をおかけするのは忍びない。また、このことでいじめにあっても困るなど

天使の様な鉄兵（10か月）

の理由で支援学校に決めました。

やっと障がい児の親になれた気分

以降、12年間通学しました。もちろん、地域の学校に行かせていたらとは考えられませんが、成長面でいけば、これほど人は成長しないものかと驚くばかりで、専門性が高い支援学校でさえ、このようでは……と心配事がどんどん増えていくようです。しかし、友だちの名前や先生の名前を叫んだりするようになり、これはこれで成長の跡がみえました。恐ろしくゆっくり成長する息子、人は人、この子をしっかり見ていこう、そう考え、死ぬまで学習と考え、就職先もそれに即したところを選択しました。もちろん一通過点ですが、やっと障がい児の親になれた気分です。本当にこの子はいろいろな人を連れてきます。そして、いろいろなことを学ぶ機会を与えてくれます。

他の地域から来たわが家族、ひとりの知り合いもいない中で、息子の関係で知り合えた人とは、本当に長いおつきあいをさせていただき、ありがたく感謝しております。同時に世の中には、これほど多くの障がいがあるものなのか、また、そのことについての考え方も種々雑多であることがわかりました。算数の回答のように正答はないでしょうが、支援を必要とする人にあった支援が必要でしょう。なんでもかわいそうでかたづけるか、贅沢でわがままだとして処理されないか、ボタンの掛け違いは最悪です。

子どもたちの心に深く刻まれている「紙芝居」

社会全体としてまわりの理解が大いに必要です。そのためには互いに理解しあえる環境や考え方がなければならないと思います。地域の小学校や中学校と支援学校との交流は、全国の2割程度でしかおこなわれず、多くの学校は交流しておりません。交流できない理由は近くに支援学校がない、授業時間が足りないなどです。

お互いを知るには交流がなければなりません。机上では無理です。実際に会ってみてわかることが大切でしょう。そういう意味でも地域に支援学校は必要でしょう。スーパーでもコンビニでも障がい者の駐車スペースは入り口の近くにあります。なぜ学校だけが長時間のバス通学なのでしょうか、もっと身近にあってしかるべきではないでしょうか。

また、最近の凶悪な事件、いじめ、ひきこもりなど社会性にも問題がありそうなこと、学校や地域、親御さんのかかわりなど多方面から解析されているが、大きな解決方法はなく、なんとなく時がすぎ、人の記憶からうすれてしまう。そうしてまた悲劇は繰り返される。私はこの原因は、教育の根本にあると思います。私たちは一人ひとりかけがえのない人間であることの本当の意味を、言葉だけではなく深く理解すべきでしょう。そうして、このことを小さい子どものころから学び成長すれば、成人になっても脈々と生き続けるでしょう。そういう中で「いっしょにね!!」は紙芝居活動を何年も継続し実施されており、地道に繰り返されていることは本当にすごいことだと思います。きっと子どもたちの心に深く刻まれていることでしょう。

●ゆっくりだけど成長してます

NHKの朝のニュースで他の地域でも同じような活動をしていることを報道しておりました。やはり、相互理解の必要性を感じておられる方が多くおられるのはうれしいことです。勉強の前に詰め込む大事なもの、人として最も大切なものを身につけてほしいです。インド、スリランカでみたあの衝撃的な光景ですが、彼らも人として一生懸命生きている、がんばっている。生きることは本当に大変ですが、あの笑顔をもって乗りきっていってるのではと考えています。

妹ができてから毎日、私と寝るわが18歳になる息子、自分の枕と私の枕を決まった位置におき、私が帰るまで遅くなっても待っていてくれる。今日も待っていることでしょう。ゆっくりだけど成長してますよね。

18歳。誕生日プレゼントの写真

花田さんと初めて会ったのは、いながわ療育園でした。重度障がいのある子どもたちの通う通園施設でしたが、介助の度合いの高いちひろさんは、なかなか通所や母子分離が進まずつらい思いをされたと思います。現在はちひろさんと二人での生活の中で、いかによりよい生活スタイルを見つけていくかと工夫されています。本当に年月の経つのは早いものです。出会ってから25年経つのですから。これからはもっと早く感じるように思います。しっかりと見聞きし、情報交換しながら共に進んでいきたいと思います。「けっして無理をしないように」をお互いの合言葉に!!

重い障がいのある娘とともに

花田　律子

●ちひろの誕生

長女ちひろは、生まれてすぐにいろいろな障がいが見つかりました。入院や手術を繰り返して、9か月ころにやっと自宅で生活できるようになりましたが、大変な毎日が待っていました。鼻に入れたチューブからミルクを入れ、口からも哺乳を試みても常に咳き込んだり、喉がゴロゴロ鳴ったり、せっかく飲んだほんの少しのミルクをすべて吐いてしまうことも多かったです。

夜もミルクをチューブから入れ、吸引器でたんを取り除き、子育てというより自宅看護のようでした。初めての子どもであり、ただでさえ手探りの育児なのに、どうしたら泣きやむのかも、わからない娘を目の前にして、先の見えない戦いのような日々でした。

●障がいのある子どもを育てる大変さ

その頃は、障がい児の子育てを助けてくれる制度もほとんどなく、またアドバイスも受けられなかったです。両親や親戚の助けだけを頼りに、夫と二人で必死に育てました。ちひろは心身ともに最重度の障がいがあり、その原因も治療法もわかりませんでした。また食べたり飲んだりがとても苦手でした。唯一訪問してくれたのは保健師さんでした。

その方のアドバイスで、1歳の頃より、「いながわ療育園」に通園しはじめました。最初は週に1回だけのリハビリを受けるための通園でした。リハビリの先生が触るだけで、ちひろはチアノーゼをおこし、顔色も一気に悪くなってしまい、先生も困惑されていたようでした。しかし、2歳の頃には少し体調も落ちつき、毎日療育園に通園して、保育で楽しい経験もすることができました。

2歳半まで、鼻から栄養を入れるためのチューブを入れていましたが、いつかは口から食べられるようになると家族も信じて、ずっと哺乳を試みたり、離乳食も少しづつ食べさせていました。療育園で出会った言語療法士の方の、アドバイスのおかげもあり、その頃には、思い切って鼻から入れていた栄養を入れるチューブも外して、口から全部食べられるようになっていました。

●弟の誕生

ちひろが4歳のとき弟が生まれました。元気に生まれてうれしかったのですが、夜泣きも激しく案外、子育ては大変でした。弟が生まれた年は、ちひろも体調を崩しやすくて4回も入院しました。

弟が歩けるようになるとますます大変になり、うっかりすると、姉の上に座ってテレビを見たりしているので、一瞬も目を離せませんでした。

●ちひろの成長

ちひろは4歳のとき扁桃腺が大きいので切除する手術を受け、そこからすっかり熱を出すことがなくなりました。

一人では座れないのは今も同じですが、毎日の経験を積み重ねて、外出や人と触れ合うことが大好きになっていきました。学校にほとんど休まずに通い、28歳の今は作業所に元気に通っています。ちひろは「こうしたい！　これがやりたい」ということがとてもはっきりしています。しかし、彼女の願いを全部聞いたら、こちらは何もできなくなります。口では話せないので、全身で伝えようとしてきます。

小さい頃はお風呂が大好きなので、何回も入らないと気がすまず、8回も入れたこともありました。また夜になっても散歩に出かけることがありました。家にいるとずっと泣いているので、仕方なく、出かけているようなことが何度もありました。モノがほしいとねだるわけでもなく、今日は作業所に行かないとだだをこねるわけでもない、娘の願いをできるだけかなえたいと私たち親は思っていました。

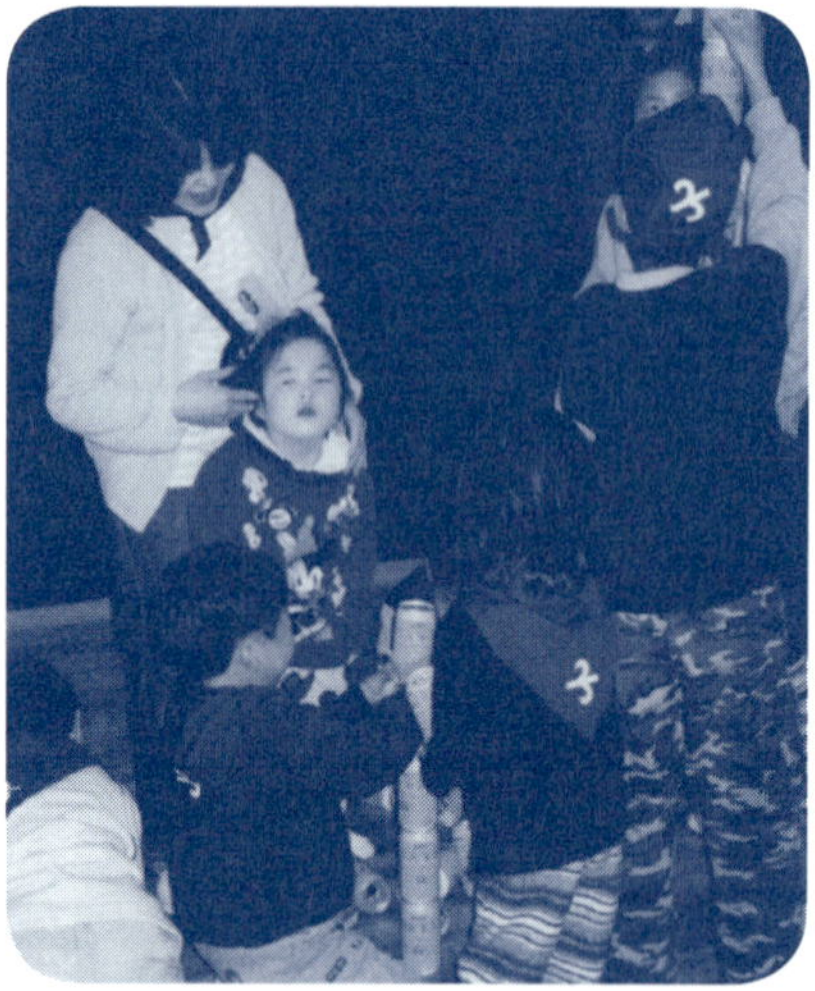
市こ連　子ども会大会の缶積み競争

●ちひろを支える家族の変化

子どもの成長とともに私たち夫婦も年齢を重ね、体調も思うようにならなくなってきました。5年前くらいより、夫が体調を悪くして、家族で外出の機会も減ってきました。ドライブが大好きで、お出かけが一番の楽しみのちひろの願いも、だんだん聞くことができなくなってきました。

2019年1月に夫が病気で亡くなり、息子も大学院入学とともに大学のそばで暮らすようになりました。私とちひろの2人の生活は、さみしいと思いながらも毎日慌ただしく過ぎていきます。

夫は娘を誰より大切に思い、娘を膝の上に何時間でも抱いてくれているような人でした。ちひろが4歳のとき弟が産まれましたが、夜泣きもひどくて、ちひろはずっと夫が別の部屋で寝かしていました。深夜にたびたび吸引しなければならず、また眠れずぐずるので4歳でも夜中にミルクも飲ませており本当に大変でした。

夫婦協力しなければ、とてもちひろを育てることはできませんでした。障がいのある子どもを育てる家族は、どこもそうかもしれませんが、いっしょにたたかう同志のようでした。当時は今より福祉サービスもずっと少なく、ほとんど家族で見るしかありませんでした。

現在は、月曜から金曜まで、作業所で生活介護というサービスを受け、月2、3回はショートステイをさせてもらっています。土日は移動支援で外出を楽しめるようになり、本人もとても楽しみにしています。しかし、将来のことを思うと不安はつきません。夫という一番大事な同志がいなくなり、私がもっと年をとったとき、娘がどこでどのように生活するか、先の見通しはまだまったくついていません。いつかは、心から信頼できるスタッフに娘を預けられるよう、仲間と情報交換をしながら探していきたいと思います。

もう20年も前に、「いっしょにね!!」の公開講座で、訓覇法子さんの話を聞いたことがあります。スウェーデンでは、障がいがある子どもが産まれたら、医療、福祉、教育などの専門機関が連携をとり、生涯の見通しを立てると聞いたのがとても印象に残っています。

日本と単純に比較できないかもしれませんが、日本が福祉にかける国家予算は、その他のことに比べると微々たるものだと聞いたこともあります。日本では20年たっても、まだまだ福祉の政策が追いついておらず、毎月の過ごし方を家族が必死で考えなくてはなりません。障がいがあっても、より良い人生を送れるように、制度でもっと支えてほしいと思います。

私はちひろを通じてたくさんの素晴らしい仲間と知り合い、心優しい友に出会うことができました。障がいのある子どもがいるから不幸であると言われたら、娘が一番怒るでしょう。それは夫もずっと言っていたことです。

「いっしょにね!!」で今まで出会ったご縁を大切にしながらも、もっと視野を広げて、懸命にこれからも生きていきたいと思います。

生涯ケアラー

子どものケアがある状態で、親の介護などダブル、トリプルでケアを担わなければならない事態が発生すると、本当に大変です。私自身、骨折した85歳の姑と急遽同居をすることになり、1か月で3キロ痩せました。あっけらかんとした人でしたが、看取るまでの9年間、生活や食事面で気を使いました。また、実家の母も今年で84歳です。パソコンで「いっしょにね!!」のお便りまでつくってくれた人でしたが、歳相応に弱ってきました。

「生涯ケアラー」という言葉があるそうですが、まさに私たちは障がいのある子どもが生まれて以降、誰かのケアラーであり続けなければならないのだと途方にくれるような気持ちです。

いつも、笑顔で子育てされているゆうひさん。遠方の実家で大変な状況にあったことを、じっくり聴くだけの時間もないほど、お互い忙しくしていました。高齢のお父さんの車の免許証について困っておられた頃は、まだまだ介護の入口だったようです。高齢者は急に衰えがきます。

障がいがある子を授かって

ペンネーム　ゆうひ

末っ子のコウ（仮名）に障がいがあるかもしれないと言われたのは、妊娠8か月の頃でした。お腹の中で成長が遅く、ダウン症の可能性があると医師から言われました。40歳前の高齢出産であり、ネットでも検索して、この年齢ではダウン症の子どもの出生比が高くなることは知っていました。

「ああ、そうなんか……本当にわが身にやってくるのかな」とショックを受けながらも、3人の姉兄の子育て中でもあり、忙しい毎日の中で「出産の前に何とかできることは？」と考えました。

ダウン症の関係の本なども読んで出産に備えようとしましたが、結局は「なるようにしかならん。夫婦の心構えだけ」という結論でした。

ある程度の公的なサポート体制はあるだろうと、夫は考え心配性の私にやんわりと言葉かけをしてくれました。妊娠38週の検診中に、急に赤ちゃんの心拍が下がり緊急帝王切開となりました。産まれた子どもの心臓には中隔欠損がありました。

出産後、医師から私たち夫婦二人への説明と染色体検査の承諾を求められました。診断の条件が揃っていたので、私たちも夫婦でしっかりと覚悟をもって育てようと、また、家族みんなに協力してもらおうと、決心していました。正式にダウン症と診断されたのは生

この笑顔を守るために家族がまとまりました

後3週間頃でした。ミルクを飲む力が弱く、哺乳量も少なかったため、一日中ミルクをやっていたような状態でした。

退院後のコウの育児は、すでに3人の育児の経験のある私でも「この子を生かしていけるか？ 哺乳瓶で楽なはずのミルクさえ飲めないこの子の命を守っていけるの？」と不安で仕方ありませんでした。息つく暇もなく忙しい日々は、細かいことまでは記憶にないほどです。

●「いっしょにね!!」との出逢い

子どもの障がいについてもっと知りたいと思っていたとき、訪問してくれた保健師さんからダウン症の子育ての先輩を紹介してもらいました。そして、その方も入っている「いっしょにね!!」というグループがあるよと教えてもらいました。

「いっしょにね!!」は当時、自主学習グループとして活動をされていたので、その活動の時間にまだ幼い息子を抱いて伺いました。するとあるお母さんが「まあかわいい赤ちゃん」と言って息子を抱っこしてくれました。

「私の娘も同じ障がいがあるのよ」と言って、笑顔で声をかけてもらい肩の力が抜け、張りつめていたものがそっと溶けたのをはっきりと覚えています。それが私と「いっしょにね!!」との初めての出逢いでした。

それからクッキングやミュージックケアなどに参加するようになりました。コウはいつも楽しそうに、仲間のみんなと過ごしていました。また私は、地域への出前紙芝居にも参加するようになりました。

「いっしょにね!!」では、家族みんなに障がいがなくても〝共に〟活動を続けている健常の子どもの「おかあさん」の先輩方とも出逢ったのです！

●息子の成長

息子は1歳ぐらいのころから歩く練習のためと療育を受けるために、いながわ療育園に通うようになり、歩けるようになったのは3歳のころでした。しかし、年少時の頃は通園日数や時間が多くなると、風邪をひき、こじらせて肺炎で入院する等を、繰り返しました。なんとか歩行できるようになると、当時は別の施設であったパピースクールに移り、就学時は支援学校をすすめられました。しかし、お姉ちゃんやお兄ちゃんが通っていた地域の小学校に通うのを、息子は当たり前のように思っていました。

地域の学校では「障がい児にとって充分な教育は保障できません」と言われましたが、家族とも相談し地域の小学校にすすみました。その頃には息子の心臓はカテーテル検査の結果、手術はもう不要であり、年一回の診察でよいだろうと医師から言われていました。

登下校はもちろん付き添って、支援学級では、国語と算数を勉強して、現学級では音楽や体育の授業を受けました。「みんなと一緒に行事に参加する」ことができるように支援指導を受け、イベントがあれば、張り切る「お祭り男」が頭角を現したようです。

生活の中でも文字はたくさん覚えて、自分の名前や毎日黒板で見る時間割表や、係の言葉と繰り返しの多い言葉は書くようになり、ひらがなはすべてマスターすることができていました。漢字は日常見る頻度の高い字ならかなり読めるようになりました。

中学生になると特別支援学校に通うようになり、今でも心臓に穴は開いていますが、日常生活は支障なく送れています。表情もとても生きいきしていて、学校のお友だちの名前や行事のしおりは、全部を書き写したり、記憶で書くことがしっかりできるようになりとても驚きました。息子にとっては、今の環境がとても楽しめるところであることに家族も安心しています。

私の両親との関係

私の実家は枚方にあり、高速道路を車で行けば岸和田から1時間ほどです。上の3人の子どもが次々生まれたころは、実家の母は勤めていたけれど、自分でも運転をしてたびたび手伝いに来てくれていました。

3人の子どもが生まれた後、私の親からは「もう子どもは3人でいいね」と言われていましたので、4人目を授かったときはなかなか言えませんでした。そして4人目に産まれたのは障がいがある赤ちゃんということで、父も苦しんだ末にだとは思いますが、言葉でハッキリと、障がいのある子どもを連れて帰ってこないでほしいと言われてしまいました。

「障がいのある子どもを見ると悲しい気持ちになるし、近所の目もあり、おもらしもするから来てほしくない」私はとても苦しい想いでした。もともと実家の両親に4人目の出産を反対されていたので、また、帰るには実際距離もあるし仕方がないかと思いました。それで自分たち家族でがんばって育てていこうと決めました。

母の発病

私の母に異変が起こったのは、70歳のころでした。その頃コウは3歳でした。後から父に聞いたのですが、実家が隣の市に引っ越しをしたのをきっかけのように、母は言葉が少なくなり、また笑顔も消えてしまっていたそうです。その頃の私は、息子が通院入院を繰り返していて、また母子通園施設での療育にも必死で実家の両親のことを思いやる余裕はまったくありませんでした。年老いた父から告げられた言葉も胸に重くあり、実際、実家に帰ることも減っていたので、なかなか母の異変に気づきませんでした。

父が医者に相談したところ母は、初めは老年性うつ病かもしれないと言われたそうです。

ところが同じ話を何度も繰り返すようになり、物忘れも激しくなりついに道に迷うようになりました。それで物忘れ外来に行きアルツハイマー型認知症と診断されました。その頃には母の状態もかなり進んでしまっていたのでした。今は薬もいろいろあり進行を遅らせることもできます。

幸い母には薬が効いて、それから進行はやや治まっています。もっと実家のことも気を配っていればと思いますが、その頃私はもう手いっぱいの状態でした。

私は障がいのない姉兄たちには「当たり前の普通の生活」をさせたいと思っていたので、上の二人が中学で部活動をして用事も多く、また塾や習いごとの送迎等も毎日のようにありました。そして、まだまだ手のかかるコウと4人の子育て家事だけで目まぐるしく日々が過ぎ去っていたように、振り返ると感じます。

母の発病は、両親とも定年を順次迎えて、二人のゆったりするはずのリタイア期でした。父が母の日常生活を支えていましたが、父も高齢となり私や妹の説得にようやく応じてケアマネさんと相談し、母は介護認定をうけ、デイサービスを利用のところまで到着。老々介護の生活は綱渡りのようだったと思いますが、両親は何とか2人で生活を送っていました。

●母を支えていた父の病気

しかし、今から1年ほど前、父がパーキンソン症候群と診断されました。ここ数年間、手指や足の運びの動きが悪くなって、「パーキンソン病っぽいな」と感じつつも健診等は定期的に受診していたので、年のせいかと流してすませていました。家の中の用事で、たびたびずり落ちたり、つまずいて転んだりを重ねていたようです。歩くのにも支障が出てきてはじめて、私に連絡がきました。私には妹もいますが、夫の転勤が多くて遠方に住んでいてなかなか妹にも頼りにくい状態でした。父は80歳になっており、母の介護も大変だったと思います。

パーキンソン症候群でも、平らな家の中ではなんとか歩くこともできましたが、診断を受けてすぐに転倒し、痛みから歩くのにも支障が大きくなりました。車いす移動に頼るようになって、整形外科の病院での検査診察でも原因がわからず入院をし、大学病院まで紹介されましたが、遠い病院までは本人や私とも負担が大き過ぎてできないと断りました。

父は私たち娘二人にできるだけ迷惑をかけまいと生活していましたが、徐々に状態は悪くなっていきました。私もたびたび実家に通いましたが、支援学校から帰る息子の帰宅時間を気にしながら、介護というより見守りやケアマネさんとの調整のかかわりしかできませんでした。

●両親の危機

そんな折の晩秋、夜中の2時に母の携帯電話から連絡がはいりました。慌てて出ると、母がのんびりと「お父さんがね、お風呂からいつまでたっても出てこないの」というのです。様子ははっきりとはわからないものの、夫にすぐ子どもを頼み、最悪の状況も覚悟し、車で1時間の実家に駆けつけました。

お風呂に急ぐと父がぐったりとして湯船の中でいました。声をかけると意識はしっかりしていたので、慌てて母にも手伝ってもらい湯船から父をなんとか引き揚げました。何時間も湯船に浸かったままでしたが、湯がさめてくると追い焚きを何度も繰り返し、水も飲んでいたのでしょう。母にずっと娘に連絡するようにと伝えても、声が母には届かず、もし届いても、母は意味がわからず相当時間がかかったと思います。

もう一刻の猶予もないと思い、ケアマネジャーさんに相談し、緊急時体制のヘルパー駆け付けの契約の準備態勢をとりました。しかし、その直ぐ翌朝、父から「立てない。困って母に繰り返し助けを求めると、口喧嘩となり暴力をふるわれる」と連絡がありました。

泉州から実家に駆け付ける間に、ヘルパーさんへ電話で助けを頼み、老老介護の二人での生活はあっけなく終わりとなりました。そこから母のショートステイへのつなぎ合わせと、手探りで行き先、生活の場を探しながら、一人で二人をサポートする日々でした。それまでの準備は、ショートステイは1か所体験しただけ。有料老人ホームもまだ少し先のことと、チラシを取り寄せケアマネさんに少し質問するだけでした。

幸いショートステイは希望する条件での空きが9割はあり、満床退去予告を告げられたら、同時進行でケアマネさんに探し続けてもらって見つけた他のショートステイに移る。そしてまた新しい契約をして即入所のはしごでした。

どうしてもショートステイを利用できない日は、コウの支援学校の登下校を家族と放課後デイサービスで何とかしてもらい、私が実家に1日や2日と泊まり込んで、両親をみました。そして空きが出た次のショートステイへ入れてもらいました。その間にケアマネさんとアタマはしっかりしている父の、体が落ち着くまでの生活の場をどうするか考えました。

二人一緒のホームか高齢者住宅にするか、あるいは別々かを悩みました。いったん二人でいっしょに暮らせる場所での契約の段取りをしている間に、より父の腰痛が厳しくなり、その契約は結局白紙になりました。

●両親を岸和田へよびよせて

ようやく、私が通うのにも大変な実家の近くではなく、私の住む岸和田に両親の居場所を見つけようと決心しました。幸いなことに、空きがあった認知症の人のためのグループホームに、母を入れてもらいました。また父は、泉州の病院で結局は、いつの間にか骨折【腰椎圧迫骨折】の普通の診断がつき、短期のリハビリ入院をして、日にちを経ている間に少しずつ歩けるようになったので、岸和田にあるサービス付き高齢者住宅に入れるようになりました。そこから週2日はデイサービスに通っています。

母は私が行くととてもうれしそうにしています。会話はしっかりとはできませんがまだ私の顔はちゃんとわかります。また父は、迷惑をかけて悪いなあといつも言います。父は真面目に長年働き娘たちも嫁がせ孫もでき、これからの生活を楽しもうとしていたとき、母が病にかかりとても悲しかったと思います。それでも私たち娘に迷惑をかけまいと、懸命に夫婦だけで生活しようとしていました。

また、家の中にヘルパーさんが入るのも嫌がり、デイサービスも準備が大変だからと週1回しか利用していませんでした。デイサービスに行く日は、早朝から早く用意をしてくれと母に言われ続ける羽目になり、本当に大変だったと思います。リハビリ入院するところへ着地できるまでに、絶え間ない苦痛もあり、心身の力がつき自死未遂騒動もありました。

私の子どもに障がいがあったことで、実家との関係が悪くならなければ、もっと早く両親の異変に気づくことができたかもしれません。

しかし、4番目に産まれたわが子は本当に可愛くて、障がいがあるということで産んだことを後悔したことは1度もありません。今は家を出ている姉や兄たちも本当に可愛がってくれています。家族の一人ひとりを〈人として誇りに思える〉、とても幸せなことです。

障がいがある子どもがいる場合、母が主たる介護者でもあり、なかなか仕事をすることも難しいです。また両親の介護が、突然必要になるという緊急事態に直面したとき、もっとサポートしてもらえるシステムが整ってほしいと思います。

両親のためにたびたび家を空けてきていて、最近息子は少し痩せてきていて、一番成長する時期なのに心配も出てきています。現在はなんとか両親を安心できるところでみてもらえて、少しずつ生活も落ち着いてきたので、今のうちにまだ育ちざかりのコウにも、もっと心を配らなければと思っています。

●「いっしょにね!!」の活動を続けてきて思うこと

実家の両親はコウが生まれるまで、障がいのある人とは無縁の生活を送ってきて、なかなかコウの障がいを受け入れることができませんでした。

両親は戦前の生まれで、障がいに対する正確な知識もなかったと思います。私が「いっしょにね!!」の出前紙芝居で【心のバリアフリー】を訴え続けていこうと思った原点がこれでした。大人にも子どもにも少しでも障がいについて正確に知ってほしい。また家族の気持ちも知ってもらいたい。障がいのある子もない子も「みんな大切な存在なんだよ」と、これからも伝え続けていきたいです。周りの地域の方々にも支えてもらってのコウの小学校時代、そして今があります。地域への感謝の心で、これからも少しずつ返していきたいと思います。

また夫の両親はコウを温かく見守ってくれ、とてもありがたく心強かったです。夫もずっと力強く、家族を支え続けてくれてきました。私の妹もできるときは実家の様子を見に行ったり、両親を支えてくれています。

「いっしょにね!!」でつくってきた人と人とのつながり

楽しい経験をたくさんしてほしい

をこれからも大切にして、またこの自分たちの地域で、コウもいつかは親元から離れて仲間と暮らし、輝く人生を送ることができるよう、これからも意識的に日々務めていきたいです。

（インタビュー／花田律子）

いつも笑顔を絶やさない安藤さん。弟の太さんに字を教えていたこと初めて聞きました。安藤さんと弟さんの子ども時代は、就学猶予・免除という、今では考えられないような状況でした。このような時代に子育てをされてきた親の気持ちを想像すると苦しくなります。そういう社会を変えようとがんばってこられたみなさんたちの築いた土台の上に、今、私たちがいることを忘れてはなりませんね。そして、私たちも私たちのため、そして次の世代のための土台づくりをしているのです。

私と障がい福祉

特定非営利活動法人まんまる　理事長　安藤　長

●放課後等デイサービスの始まり

私は、２００４年（平成16年）３月に54歳で岸和田市役所を退職しました。退職後は、「何かの役に立つだろう」と、ホームヘルパー養成講座や大阪府の児童虐待防止アドバイザー養成講座を受講したり、自動車の２種免許や大型免許も取得しました。その後、〝いっしょにね!!〟の髙田さんたちと出会い、当時まだ制度化されていなかった障がい児の放課後対策にかかわることとなりました。

そして、国（厚生労働省）が２００５年（平成17年）「タイムケア事業」を打ち出したので、私たちも岸和田市に対して「この事業に手を挙げてほしい」と要望しました。すると翌年に予算を確保してもらって、私たちは岸和田市の委託を受けて「タイムケア事業」を始めました。しかし国は、この年の秋にこの事業を廃止しました。でも岸和田市は、「タイムケア事業」を市の独自事業として継続してくれました。

任意団体で「タイムケア事業」を始めた私たちですが、利用している子どもたちの保護者の方々から「ヘルパーの派遣もしてほしい」という要望も寄せられて、法人化することとし2007年(平成19年)3月に「特定非営利活動法人まんまる」を設立しました。「まんまる」のモットーは、〝まぁるい笑顔とまぁるい気持ちをまぁるくつなぐ〟です。焦らず、慌てず、一人ひとりの気持ちに寄り添いながら自立への道筋を支援していけるように取り組んでいます。

岸和田市では唯一の障がい児の放課後事業所としてスタートし、全国の仲間とともに国に対して制度化を求める運動を展開し、ついに2012年(平成24年)、児童福祉法に「放課後等デイサービス事業」として制定され、全国的に大きく拡がっていくこととなりました。私たちも翌2013年(平成25年)4月から「タイムケア事業」を改め「放課後等デイサービス事業」を始めることとし、現在に至っています。

「まんまる」設立時の子どもたちも支援学校を卒業し、多くが成人しています。そして新たな人生のステージに進んでいます。すなわち、〝ほっとスペース

亡き両親、弟との忘れられない食卓

あん〟から〝居宅事業所ぼぉの〟のヘルパー派遣へと移っています。そのため当の保護者の方々からは、次の居場所への要望が出されています。法人としては今後の大きな課題として受けとめています。

●私の弟

なぜ私が、このように障がい児者の問題にかかわってきたのか？　それは、私が高齢者福祉や障がい者福祉にかかわっていたこともありますが、それよりも私のたった一人の弟に重度の障がいがあったということが大きく影響していたのかもしれません。

私より9歳年下の弟は、先天性の脳性小児まひで、生まれた時から立つことも歩くこともできませんでした。しかも、学齢児になっても「就学猶予」や「就学免除」という制度の下で、義務教育さえ受けることができませんでした。父は、弟を学校に行かせるために岸和田市教育委員会や大阪府教育委員会に足しげく通いましたが、願いはかなわず、弟は在宅を強いられました。そのような弟に私は、家でひらがなや漢字を教えました。〝せめて名前が書けるように〟と思っていたのです。

1979年（昭和54年）に養護学校の義務制が実施され、すべての子どもが義務教育を受けることができるようになりましたが、弟はすでに就学年齢を超えていました。しかし父は、〝何とか弟を学校に行かせてやりたい〟と、教育委員会を訪れました。そして妥協点として「おしっこやうんこが言えれば小学4年生に編入しましょう」ということになりました。当時の弟は、おしっこもうんこも言えず、おむつをしていました。両親は弟を連れて、藁をもつかむ思いで紹介された枚方市にある星ヶ丘厚生年金病院を訪ね、泌尿器科の医師と面会しました。そしてその医師から「太（弟の名前）君なら訓練をすれば言えるようになりますよ」と言った。

てもらいました。

両親は大喜びをしましたが、入院後1週間すると医師から「これからの入院は太君一人にしてください」と言われ、断腸の思いで弟一人にしました。両親もつらかったと思いますが、今まで一度も一人で入院したことのなかった弟は、より一層つらかったと思います。しかし弟は、必死でがんばり入院6か月後には無事退院し、4月から岸和田養護学校（現「支援学校」）に入学することができ、高等部を卒業するまでの9年間の学校生活を送ることができました。

卒業後は市内の作業所に通いましたが、両親の高齢化に伴い、生活施設に入所しました。しかし、そこは知的障がい者の生活施設であったために、弟にはあまり居心地はよくなかったようです。その後、富田林市に身体障がい者の生活施設が建設されたので、そちらに移りました。入所当初、日中は炭作りの作業に従事していましたが、時とともにそのような作業もできなくなり、日中は施設内で過ごすことが多くなりました。時たま私の家に帰ってくることもありましたが、家では何をするでもなく、一日中テレビを観て過ごすことになりました。

そのうち帰宅することもなくなり、年中施設で過ごすことになりました。そんな時に弟は、施設には「友だちがいる」と言って、施設での生活を楽しんで(?)いました。

でも、施設には常駐の医師はいなくて、障がい者施設としては不安でした。また、看護師も常に不足しており、宿直してくれる看護師はいなくて、日中は何とか無事に過ごせても、〝夜間に何かあったら〟という心配はありま

NPO法人まんまる設立時。スタッフや田中智子先生と

した。

弟は、加齢とともに二次障がいも伴うようになり、側弯症や誤嚥が増え、食事はペースト状になりました。車いすも座位保持ができるように強固なものになりました。しかし、その弟も昨年（２０１８年８月）に誤嚥性肺炎のため60年の生涯を閉じました。

●これから

今、政府は、〝一億総活躍社会の実現〟という旗を掲げていますが、支援が必要な人への手だてはほとんどしてくれていません。しかし、私たちはたゆまずに声を上げ、運動し、いろんな人と手を結び、すべての人がその人らしく生きていけるような、そして輝けるような社会の実現に向けてがんばりたいものです。

2

２０１８年、桑原美登利さんは、愛娘の風誘子さんに腎臓を移植するという、大きな覚悟のうえでの決断をされました。

障がいがあるということは、不便なことが多いですが、そこに医療的ケアがあるともっと大変になるのは想像しただけでおわかりいただけると思います。

２０１７年、『こぼんちゃん日記』出版記念シンポジウム」で、たくさんの方に登壇して話してもらいましたが、桑原さんもその一人でした。その頃から風誘子さんの手術を見据えての覚悟をもっておられました。

にじいろ～家族と仲間とのりこえる日々～

桑原　美登利

●私たちの決断

人生とは、思うようにはいかないものですね。頭ではわかっていても、感情とは一致しえないことたくさんないですか？

私は、完璧な人間ではないので、いろんな出来事が起こるたびに、気持ちの動揺があります。自分のことより、家族のことになると特に気持ちが、かきむしられる思いです。でも、何かが起こるたびに、その出来事を受けとめ、「覚悟」と「決断」を繰り返してきました。

第一子である娘に関しては、時間をかけて考え抜いた事柄がいくつもあります。

風誘子が知的発達障がいで産まれてきたこと。それを受けとめ育てていく覚悟。心房中隔欠損の根治手術。兄弟姉妹を出産するときの覚悟。そして、最近行った大きな決断として、親子間での生体腎移植を行いました。もともと左側の腎臓が小さく、成人期までは成長優先で、特に水分や食事の制限もなく過ごしていました。20歳を超えても130センチ程度の体格で大変小柄です。その後は　たんぱく質制限がかかり、食事にかなり気を使いました。

ふたりの弟に姉の貫禄

しかし、腎臓機能は低下するばかりです。ドクターから次の治療法の提案説明を受けました。透析か移植か。将来の予想がつかず、かなり悩みました。専門ドクターや看護師、経験者に話を聞いたり、透析病院の見学にも行きました。彼女にとって、良い選択をしたいとの思いでした。

透析を選択しなかった理由は、小さな体の細い血管が長期にわたり耐えられるのか、隔日の治療拘束で外の世界にとても興味のある娘が通院にストレスを感じないか、ドナーとなる夫婦の年齢、娘を精神的に支えられる親側の気力の割合、そして、親子兄弟本人のそれぞれの自立した人生等々を考えると、「今、移植するしかない！」と決断しました。

親は子が、幸せな人生を歩むことを願っています。たとえ障がいがあってもなくても、その子らしく輝いてほしいと願っています。人生が終わるとき、大変だった毎日であったとしても、たくさん笑ったことを思い出し「あ～、楽しい人生だった。ありがとう」と感じてくれたなら何よりです。娘の笑顔が増えるための決断を、私たち家族は、これまでしてきたのだと思います。

●医療と福祉の壁問題

移植手術から3週間経った頃から、入院して感じていた疑問や不安がふつふつと湧いてきました。娘は手術によって根本的な要因は対処できましたが、それに伴う副作用や退院後を見据えて、次々と医療行為が家族に託され、娘の命を守るために必要なことではありますが、心の整理がつかないまま、覚悟を決められずに毎日向き合っていかなければならない。そして、患者である娘を支えるのはこの先、家族であり特に母の私であること。

どんな時も娘と常に向き合い続けていかなければならない。このような覚悟をもって向き合ったものの、やはり24時間離れることのできない生活は親子共にストレスが高まるものでした。一日30分でも息の抜ける時間や親子が離れる時間があれば、気持ちを切り替え、またしっかりお互いに向き合えることができる。がんばることはよいことではありますが、がんばり続けることは過酷だと思いました。

また意思疎通支援事業（コミュニケーション事業）があることも知りました。いつも支援してくれているヘルパーさんに限ってなら（意思疎通ができるので）入院時にヘルパーが使えるとのこと。しかし現在、この事業は大阪府では堺市、箕面市などで実施されているだけです。9月末に行われた岸和田市の対市交渉では　この件に関して利用できるように発言交渉しました（ちなみに、入院時ヘルパー利用できる他の制度で、重度訪問介護がありますが、うちの場合は調査点数が1点足らず、再審査請求をしても認定される確証はないとの市役所からの返答でした）。

大阪府肢体不自由児者父母の会連合会を通じて、その後も娘も同行し、大阪府に対して『入院時のヘルパー利用について』要望懇談もさせていただきました。障がいのある娘と暮らすには、福祉サービスの利用は欠かせません。しかしフルに使えるわけでもなく、使いたいサービスも厳選され、支える家族は、どこかで限界ギリギリで〝無理〟をしながら　生活をまわしている時もあります。そのためにも、公的支援の充実や、入院家族の大事な支援として、ヘルパー利用がこれからは必要です。意思疎通支援事業が各市町村でできることや、事業所利用しているヘルパーが望ましいと思います。ヘルパー事業所が病院へ訪問してくれたり、病院独自のヘルパーを派遣してくれるなど、ヘルパー利用ができる「仕組みづくり」を要望しました。

●家族介護の限界と福祉サービスの改革

移植後から在宅している娘の状態も落ち着いてきた日を過ごしてきましたが、2019年5月の長期大型連休に、動揺する現実がおこりました。大げさかもしれませんが、私の気持ちの中で何かが崩れていくのを感じました。娘が転倒し右腕肘骨折、手術という現実です。6月には移植腎臓の生体検査も控えており、まずは大きな山をひとつ乗り越えられそうかと思っていた矢先のできごとでした。また、一週間後には、私のフラダンスの発表会があり、このために移植直後から練習を重ね生きがいにしていましたので、この積み上げてきた努力が報われなくなるかもと、めちゃくちゃ落ち込みました。

移植したことによる管理下にある娘は、緊急手術を拒否され、さらには手術部分に問題があり、手術延期となりました。移植前から張り詰めていた気持ちや在宅療養する娘に対して、混乱する感情が抑えきれなくなってしまいました。一つひとつ気持ちを整理し乗り越えてきて、もう少しがんばれば何とかなる、もう少し辛抱すれば大丈夫、と自分に言い聞かせ、心を安定させるためにフラダンスに気持ちを移行し、笑顔でがんばってきましたが、自分の限界を感じてしまいました。

どれだけがんばっても、前向きに気持ちを切り替えても、どうにもならないことがあり、報われないことの現実に疲れ果ててきました。こんなことなら、もっと気ままに人生謳歌してきた方がよかったと。

成人期になれば、私たちが納得して安心して使えるサービスが少なすぎます。事業所によっては、丁寧さや行き届いた対応が不十分なところもあると聞きます。親の意向と、事業所の対応のずれがあることも否めません。それに文句をつけても仕方がないのですが、本人も家族も安心して託せるサービスや事業所を切に切に望んでしまいます。

障がい児者や高齢者の介護にかかわる家族は、自分の時間を割いてがんばっておられる方も多いと思います。学校や事業所の送りやお迎えの時間を気にしながら、時間に追われ、楽しむ時間も切り上げたり、工夫しながら生活されていると思います。自分の楽しむ時間を過ごすためや、自分の通院などのときも、子どもたちの支援者をまず探してから自分の時間が確保できます。自分の時間を過ごすには、ひと手間、段取り（福祉サービスの利用申請）が必要なのです。

これからはじまる私たちのものがたり

さあ、私の未来、娘の未来、家族の未来は、この先、明るいのでしょうか？ 大きな変化も期待しません。今の現実を、ただただ、受けとめる毎日だけで精一杯です。いろんなことに無我夢中でがんばり続けることも、限界があります。しかし、腐ってても何も変わりません。ただ、これからも自分が変わっていくこと、自分の心が充実することを選択しながら、娘や家族と自分のために、楽しんでがんばり続けようと思います。

これからも気持ちが揺さぶられることは、間違いなくやってくると思います。しかし、肝が据わった娘と私は、一瞬の動揺はあっても、時間をかけて乗り越えていく自信はあります。がんばり乗り越えた先に、いい笑顔になれたら何よりです。

痛いはずなのに、微塵も表わさず、手術後、ギプスと三角巾で手を固定されながら、今日も面白いことがあるとケラケラと大笑いしている娘です。その笑顔で、家族も幸せになります。でもせつなくもあるのです。

私がドナーになれたのは、丈夫に産んでくれた両親に感謝。私をたくましい母に育ててくれた障がいのある娘に感謝。いつも陰ながら支えてくれる家族に感謝。今までに出会え、支えてくれた仲間に感謝。そして、いつも気にかけてくださり、力にもなってくださり、フラダンスにも誘ってくれた髙田美穂さんに感謝いたします。発表会で美穂さんや仲間と「にじいろ」を踊れたことは、私の人生に色を足してゆく勇気をもらえました。

姉想いの弟たちに育ち感謝（2019年）

私たちの子どもが、命を輝かせて生きていくために

私たちの子どもはただ生かされているだけでよい存在ではありません。障がいのない人と同じように、命を輝かせて生涯をおくれるような働きかけを必要とします。障がいがあるからこそ、ない人よりもよりいっそう手厚い支援が必要なのです。

今回の本の中でも何人ものメンバーが、子どもを託すことのできない不安を書いてくれました。これまで一緒に活動してきた人がお亡くなりになったり、体調が悪くなったりということも出てきました。また、仲間のお葬式に参列するたびに明日はわが身だなあと思います。そして、子どもはどうなるんだろうと本当に不安になります。

この前、お亡くなりになった仲間のお葬式で、育子と同年代の子どもが、これまで一度も家庭以外の場所での宿泊経験がないと聞いて、とても驚きました。お母さんが亡くなった後、お父さんが女の子の世話をするのも大変、そして、きょうだいに託すのはもっと大変。私の周りでも、いまだにきょうだいの結婚が破談になっているケースもあります。相手の家族から「障がいの子どもが生まれるかもしれない」からと断られたと。そして、結婚していないきょうだいがずっと世話をしている人もいます。

きょうだいは、生まれながらの運命共同体なので、自然と世話をします。自然と世話をするのは美しい話でもあるけれど、きょうだいに押しつけてしまう危険性もあると思います。そのようにはさせたくないけど、気にしてくれるきょうだいがいてくれてよかったと思うのも率直な親心。伸子は、虐待のニュースなどをみるたびに「育子は大丈夫？」と連絡してき

たり、実際に育子の作業所へ急に見学に行ったりします。申し訳ないけど、ありがたいというのが親としての本音です。

だからこそ、市町村の窓口にきちんと身分保障されたソーシャルワーカーの配置を望みます。また、個別の相談に対して、専門性をもち、親身に対応できる職員教育をお願いします。

介護で蓄積疲労の大きな医療ケアの必要な子や人、重度重複障がいのある子や人に対して、親のレスパイト、親離れ、子離れの場所の確保を切望します。親離れ、子離れの最初の段階としては、日中一時支援、ショートステイが効果的ですが、特に障がいの重い人が利用できる施設が、圧倒的に不足しています。

ある日、突然親が倒れ、重い障がい者が新しい環境に馴染み、食べたり、寝たり、排泄したりできるのでしょうか。それは本人にとっても大変残酷なことだと思います。老いて、体力がなくなっていく親が、安心して託すことができるような施設と、その施設での専門性のある職員の十分な人数配置をお願いします。

知人が利用している50人規模の障がい者施設では、3名で夜間のケアや見守りを行ない、親や本人の希望もあり、週に3回の入浴を確保するために、毎日、朝から入浴介助をしているのが現実です。人間らしい暮らしということであれば、夜、何かあってもすぐに駆けつけてくれるという安心感のもとぐっすり眠れることや、一日活動をした後に汗を流すために夕方から入浴できるなど当たり前の生活を送ってほしいです。単に生きているということではなく、命を輝かせるための働きかけをするのに十分な職員配置を求めます。

また施設が閉鎖的な場所ではなく、風通しのよいところとなるように、公的機関による実態把握や近隣住民の柔軟な訪問なども重要だと考えます。

主な活動場所 サン・アビリティーズ
Yamadai
やまだい
こんなもので工作しよう
わりばし工作
久米田地区交流会
公開講座
講師 板原克介氏
まんまる

PART 3

未来に花束を

次の世代といっしょに

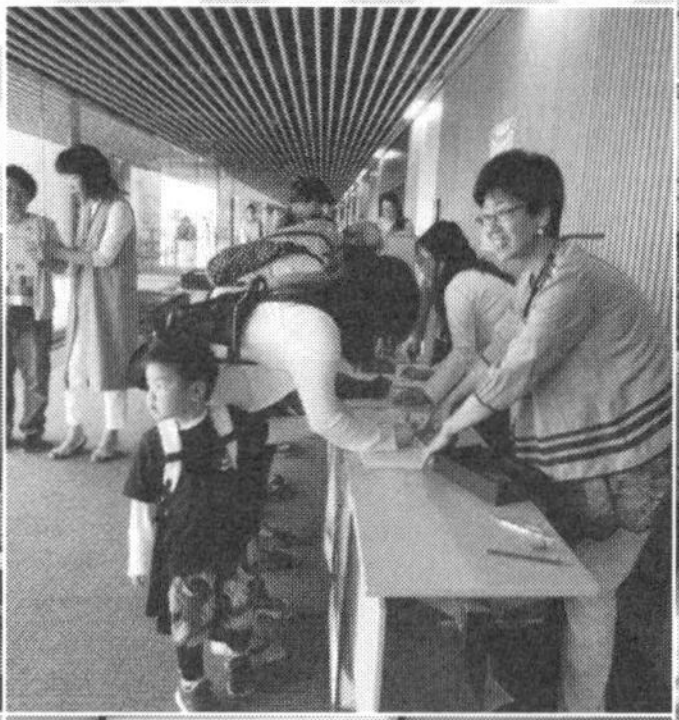

「いっしょにね!!」で一緒に育ってきた子どもたち

「いっしょにね!!」で一緒に育ってきた子どもたちは、今でも帰省したときに家に遊びに来てくれます。また、結婚した、子どもが生まれたなどうれしい報告も相次ぐようになりました。

今回、「いっしょにね!!」で育ってきた子どもたちの手記を読んで、あらためてこの活動をやってきて本当によかったと思いました。今、30歳くらいを迎える元子どもの中には、小学生の頃に読んでもらった紙芝居の内容を覚えている子もいました。この前、出前紙芝居活動も400回を迎えることができました。訪問した小学校の子どもたちに「障がいのある子のお母さんと、ない子のお母さん、違いわからへんな」と言われました。紙芝居活動が地域に浸透するほど、障がいがある子どもや家族の存在が、地域で当たり前になってきている気がします。

「いっしょにね!!」で育った子どもたち、そして育子の友人は、とても心強い応援団になってくれていると思いました。「育ちゃんが安心して過ごせるグループホームをつくってほしい」と、これからの運動の片棒を担いでもらえるのではと密かに期待しています。もし、これから伸子に子どもが産まれ、その子に障がいがあったとしたら、やっぱり「いっしょにね!!」みたいな仲間に出会いながら、子育てをしてほしいと思います。

私たちは、子どもたちのためにまだ歩みを止めることはできません。最近は、全体的に障がい者の親の会に入る人が少なく、運営が難しいということを聞きます。60歳になる私もある会では若手扱いです。今から30年近く前、親の会が主催した餅つき大会に参加し、感想を求められ「障がいのある子どもが年老いた母と餅つきをするのではなく、障がいがある子どもにはヘルパーがついて、お母さんが餅を丸めて楽しむ会になってほしい」と書きました。ガイドヘルパーなどが使えるようになった現在、それが実現しました。

そして、その結果、お母さんたちは親の会を離れて、子どもはヘルパーに任せて、自分は仕事や趣味に行くようになりました。そして、少人数の気の合う仲間で集うような小さなグループがたくさんできるようになりました。それは大事なことだけど、ときには私もそうしているけど、やっぱり子どもの問題は社会の問題、社会を変えていくには数の力も大事。少しでも思いや問題が共有できると思うのなら、つながることも大事だと思っています。

米本恵子さん、紗織さんは親子で、私の長女で育子の姉の伸子をサポートしてくれました。伸子はいつも紗織さんのことをお姉さんのような存在と言っていました。紗織さんは、今は精神保健福祉士の資格をもつ専門職として活躍しています。

貴重な出会いと体験

川井　紗織

私が育ちゃんと出会ったのは、今から29年前（私が6、7歳の頃）だった。育ちゃんは生まれてから何度も手術を受け、身体の傷跡から大変さは想像できた。しかし、障がいの重さは顔や身体を見ても、他の赤ちゃんと何が違うのかと思っていた。それほど育ちゃんはごく普通の本当に可愛い赤ちゃんだった。

しばらくして、育ちゃんのお母さんから育ちゃんは周りのサポートが必要だということを教えてもらった。しかし、その理解としては、年下の育ちゃんのサポートをすることは年上として当たり前で、育ちゃんは年下だからできないことが多くて当然というような解釈であった。私の目に見える範囲の育ちゃんは、自分と何が違うのかがまだよくわからなかった。

　ときが経過し、育ちゃんの自宅に障がいのある歳の近い子たちが集まる機会があった。そこで初めて、座位が保てず口からよだれを流しながら横になっている子、少し特徴のある顔の子、同じ歳ぐらいのはずなのに話しかけても「ワー」や「イー」しか言ってくれない子、走りまわって停まれない子、自分の頭を何度も殴っている子を目にした。育ちゃんには感じなかったが、自分の知っている友だちとは少し違うという感覚を覚えた。そのときに初めて、サポートが必要という意味を何となくイメージができた。その日は、親と子が別々の部屋で少しの時間を過ごした。子どもたちはみんなで合奏をすることになった。

　私は当初、大きな声をあげている子に近づくのは怖かった。しかし、一緒に楽器を触って練習しているとときどき相手の子が笑いかけてくれた。その笑顔はとても可愛かった。育ちゃんの友だちであることにも親近感がわいた。何時間か一緒に楽器の練習をすることで会話はできなかったが、顔でコミュニケーションが取れ、みんなで1曲一緒に合奏することができた。できたときの一致団結感とうれしさや喜びといった共通の思いがそこにできていた。サポートが必要な子も誰かのサポートがあれば、みんなで何かができる。その日の体験は私にとって大きな経験となった。同時に私が人の役に立てたという感覚を初めて実感させ

右から川井紗織、髙田伸子、育子（5、3、0歳）

てもらえた日でもあった。

みんなで合奏ができたことを親に報告しに部屋の扉を開けた際、親たちは涙を流して何か話をしていた。何の話をしていたかはわからなかったが、つらく悲しい雰囲気は読み取れた。サポートが必要な子を育てている親は、そうでない親に比べ大変なことが多くあるのかもしれないと感じた。〝サポートを必要としている人にサポートができる人は、サポートをすることでもっと生活しやすくなる〟という当たり前のことを、この日私は学んだ。サポートの必要な子を特別視する感覚なく育つことができたのも、この日の体験があったからだと思っている。

●実社会での出来事、福祉の道へ進む決意

私は小学校卒業後、地域の中学校に進学せず電車で通学する学校に通った。通っていた学校の最寄り駅には、聴覚支援学校があった。手話で会話をしている生徒を見て私の一人の友人が自分たちとは容姿や仕草、行動が違っておりかかわりたくないというような言葉を口にした。また違う場面でも、おそらく知的障がいのある男性が、電車内で窓ガラスの前方にある日よけを大きな声を出しながら、他の人が座っているのもお構いなしに閉めていく姿を見て、友人が先ほどの聴覚支援学校の生徒に対して言った言葉を再び口にした。

私は、サポートが必要な人とかかわった中で体験してきたことを友人へ少し話したが、友人はまったく関心を示してくれなかった。友人は、サポートが必要な人たちは、自分には関係のない人で、かかわりをもちたくないといった様子であった。その反応はとても残念で、育ちゃんを含めたサポートの必要な子たちの顔が浮かび、非常に悲しくなった。

友人と私の違いはおそらく、幼いころから周りにサポートの必要な人がいたか否かと、サ

ポートが必要な人は、周囲の人やものを上手く活用しながら生活していることを知っていたか否かだと感じた。どうすれば、世の中の人がサポートの必要な人を当たり前のように関心をもって接することができるのか、もっと私自身がきちんと学び、周囲に伝えていくことができるよう、高校卒業後の進路を、福祉の勉強ができる大学に決めた。

福祉の勉強をするに当たり、障がいについて考えるようになった。目に見える障がい、目に見えない障がいがある。目に見える障がいは周りの人に気づいてもらいやすいが、見えない障がいは気づいてもらいにくい。人の気持ちや行動と、疾患も関係してくる精神障がいは私にとって未知の世界であった。まだ知らないことを学んでみたいと思い精神障がいに着目し進路を決めた。これまで、精神的なサポートが必要な人とかかわったことがなかったため、私の中で精神障がい者のイメージはテレビなどから得た情報のみであった。

大学に入るまでの私は、精神障がい者＝地域で生活している人はおらず入院している人である、といった何とも偏った考えをもっていた。またテレビで流れる事件を起こす人が多いイメージがあり、障がいがある人は一人で生活している人はいないのではないかと思っていた。精神科病院に対するイメージも、どこか近寄りがたく世間から遠退いた場所だという印象をもっていた。

しかし、実際に精神的なサポートを必要としている人とかかわると、地域でたくさんの人が暮らしていること、一人で生活している人が多いこと、とても繊細で真面目で自分にきびしく、がんばりすぎる傾向にある人が多いことなどを知った。また家族と疎遠になっている人も多くいることや、障がいを隠したいと思う本人や家族がいること、受容までの葛藤など大学に入るまで知らないことがとても多くあった。知らなかったことが多くあったが、知ることが私にとって楽しいという表現がいいのかわからないが、自分に何ができるのかという思いがめぐり夢中になった。福祉の専門職として何かできればという気持ちが固まった。

●精神保健福祉士として、社会への駆け出し

大学卒業後は、精神保健福祉士として精神科病院で勤務した。サポートを必要とする人の社会資源の一部としてかかわらせてもらったが、入院に至るまでの中身が十人十色で濃く、まだまだ精神障がいに対する偏見も多くあることを目の当たりにした。病棟では、精神疾患のある人が事件を起こしたとテレビで流れると「また生きづらくなるわ」と患者さんが口にすることや、そのニュースを見て調子を崩してしまう人もいた。

患者さんが治療に励み、退院後の希望する生活を実現するために、物件を探しに仲介業者へ行くも、今では障害者差別解消法が施行されたが、当時は精神疾患を理由に断られることも多く、せっかく前向きに調子もよくなってきた患者さんが、再び調子を崩してしまうこともあり、精神障がいに対する正しい情報が、社会に定着していないことに悔しさともどかしさを経験した。それでも前を向く患者さんの力強さに、サポートする側の関係者も励まされ、よりいっそう熱が入ることも多かった。

●現在の仕事を通じて感じること、これから実践したいこと

その後、私は障がいについてもっと普及啓発ができないかを考え、病院以外のもう少し広い範囲で仕事がしたいと感じたこと、退院した患者さんが、地域でどのように暮らしているのかを学びたくなり行政機関へ転職した。

転職後は精神障がいに特化せず、身体、知的障がいに関

ボランティアにも来てくれた彼とゴールイン

する仕事をすることも多くなった。障がいは違っても共通して思うことは、やはり、特別に福祉の勉強をしなくとも義務教育の授業の中で障がいとは何かという知識や、サポートが必要な人が希望するサポートとはどのようなものかということ、実際にサポートを必要とする人と、そうでない人がかかわりをもつ体験や、相談できる機関の情報提供などを伝え、体験してもらうことが大事だと感じている。

障がいに関して伝える場は、関心のある希望者だけの場で実施するのではなく、感受性が豊かな幼い頃からの授業の中で実施することにとても意味があると考える。義務教育の中で実施するには、教育部門と福祉部門が密に連携することが必要である。

学校の生徒の中にもたとえば、身近な家族や友人がうつ病を患うことやすでに患っていることがあるかもしれない。そのようなときにうつ病とはどんな症状の病気なのか、周りはどう対応したらいいのか、どこにどんな相談できる人がいるのかをあらかじめ授業の中で学ぶ機会があれば、いざというときに思い出し行動に移すことができるのではないか。また、実際にうつ病の経験者からそれらの体験談を語ってもらうことで、よりイメージがわきやすいと思う。

このような福祉教育が充実した地域で過ごした子どもたちが、どんどんと増えていくことで障がいに対する関心が増え、社会全体が障がいに対する意識が大きく底上げするのではないかと思う。当たり前のように困っている人がいれば手を差し伸べ、困っている人は困っていることを気軽に周囲に伝えたりすることができる社会になればと思う。その一歩として、まずは障がいやサポートを必要としている人に、関心をもつきっかけづくりを行政機関の仕事としてできればと考えている。

昨年末に私は母になった。もちろん私の子どもにもこれまで私が体験したことを伝え、幼い頃からサポートを必要とする人たちとのかかわりやつながりをつくっていきたい。また、私の子どもに友人ができれば、その友人たちにも伝え、きっかけをつくっていきたいと考えている。そのときは、私の福祉への関心のきっかけとなった育ちゃんにお願いしたいと考えている。

育子の幼稚園時代の同級生くるみさん。大きな瞳に好奇心がいっぱい。少しおとなしめな弟と一緒に前に出て、発表するのが大好きでしたね。お母さんも演劇部だったと最近聞きました。仕事をしながら、大好きな道も力いっぱい歩けるのは若いうちですね。応援していますよ。ステージがあるときは必ず案内くださいね。

「いっしょにね!!」で過ごして。

出原くるみ

●さまざまな個性をもつ友だち

物心がついた頃から中学校のクラブ活動が忙しくなるまで、週末は母に連れられ「いっしょにね!!」で過ごしていました。当時は幼かったので思い出を詳しく語ることはできませんが、週末だけ会える「プレミアムな友だち」と遊べることが楽しみだったように思います。

週末に会える友だちは「さまざまな個性をもつ友だち」でした。杖や補助具が必要な友だち・車いすでほとんど寝たき

くるみ（左）、育子（右）。幼稚園の同級生と

りの友だち・白杖を使う友だち・すごくパワフルでずっと走りまわっている友だち・歩くのも話すのもすごくゆっくりな友だち・話せないけれど話しかけるととびっきりの笑顔で話を聞いてくれる友だち……、年上・年下・同級生、みんな友だちでした。「週末の個性豊かなプレミアムな友だち」と思いっきり遊ぶ、何一つ特別なことはない思い出です。

●さまざまな個性に戸惑う同級生が不思議

幼少期、「いっしょにね!!」で過ごした本当の素晴らしさを知ることになったのは、ずいぶんと後のことです。医療系の専門学校での「支援学校実習」でした。実習先の「さまざまな個性をもつ支援学校生」に戸惑いを隠せない同級生たち。困っている同級生もいたように思います。

私は戸惑う同級生が不思議でした。「どうして戸惑うの？」という疑問と同時に、「なんでやねん！」と苛立ったことを覚えています。障がいをもつ人がいない世界なんてありません。でも、その「当たり前」に戸惑う人がいるということ。そして、その「当たり前」を当たり前と思う私自身を知りました。

●「当たり前」と感じる感覚を

今、医療系の仕事ではもちろんのこと、司会や舞台の仕事をしていく上でも、この「当たり前」の感覚が土台となり私を支えてくれています。

「障がいをもつ人が、地域の中で暮らしていることは当

ラヂオきしわだのパーソナリティー

たり前」を、次世代を担う子どもたちにも伝えたい、後輩たちにも知ってもらいたいと、母校への「出前紙芝居活動」に参加するようになりました。子どもたちは純粋で何でも吸収します。まだ「さまざまな個性をもつ人」に出会ったことがない子どもたちが多いと思いますが、想像して・考えて・感じてくれます。「さまざまな個性をもつ人」に出会ったとき、そのことを「当たり前」と感じてくれる子どもが、一人でもいてくれればうれしく思います。

地域の幼稚園で出会ったすっきりした笑顔が印象的な戸部孝子さんは、3人の男の子とご主人を連れて、いっしょにね!!の活動にきてくれました。ご主人が体育館で丈夫な段ボールに子どもを座らせて紐をつけて引っ張ってくれたり、障がいのある子どもを抱っこして走ってくれたりしてくれたことは目に焼き付き離れないです。そんな父親の姿を見ていたと思う3男の大悟君に作文をお願いしました。

「いっしょにね!!」

戸部　大悟

「いっしょにね!!」に最後に参加したのはもう10年以上前だ。当時の記憶だけだと書けることも少ないので、加えて、その後の人生への影響（少し大げさかもしれないが）と、二つのことについて書いてみたいと思う。

〝「いっしょにね!!」ではみんなと遊んだ〟。当時を思い出しても、出てくるのはこんなざっくりした記憶だけだ。パラバルーンをしたり、芋ほりをしたり（これは「いっしょにね!!」でなかったかもしれないが）、車いすバスケの体験をしたり、公民館でカード遊びをしたり……。福祉ボランティアの活動といっても、障がいについて真面目に勉強した記憶はなく、ただ楽しく遊んだという記憶しかない。とはいいながら当時から〝障がい〟というものを知っていた気はする。ただ深く考えたこともなかった。

私の場合、幼稚園のときかその少し前くらいから参加していただろうか。まったく話さずのんびり寝ているお兄さんがいても、ヘッドギアをしているお兄さんが襖を突き破ってきても、そんなに違和感を抱くことはなかった。小さいときに「何も考えずに一緒に遊んでいた」という経験が貴重なものだったと感じるのはもう少し成長してからになる。

善き日

「いっしょにね!!」での体験は、人間として大切な感覚を身につけさせてくれたように思う。障がいをもつ方たちと接することへの抵抗感のようなものをもつ人は自分の周りにもいた。たとえば、高校生のとき友人と2人で部活帰りの電車に乗っていた。そこへ、おそらく軽度の知的障がいをもっているであろう方が現れ、話しかけられた。「どこの高校通ってんねや?」みたいな何気ない会話だったと思う。私が答えていると、次の駅に着いたときにその友だちは電車から降りて、隣の車両に「逃げて」しまった。後からその友人は「よく普通に喋ってたな」といったことを言っていた。その友人の言葉に対して、なんとなく腹が立ったのを覚えている。

今思えば、「いっしょにね!!」で遊んでいた方たちを侮辱されたようで嫌だったのかもしれない。誰しも自分の友だちや家族、大切な人を、よく知りもしない人に侮辱されたり、蔑ろにされたりしたら腹が立つと思う。当たり前の話だ。私にとって「いっしょにね‼」で何も考えないで一緒に遊んだみなさんは、自分でも意識しないまま大切な友だちになっていたのだと思う。だからこそ障がいをもっている方にあからさまな抵抗感みたいなものを見せる人を見ると悲しくなるし、ときには腹も立つ。それは、障がいをもつ人だけでなく、自分とは違ういろいろな特徴や特性をもつ人たちと接するときにも通ずる。「いっしょにね‼」があったから、その感覚をもって過ごしてこられたのかもしれない。

繰り返しになるが、「いっしょにね‼」の活動では特別何か頭を使って勉強したという記憶はない。ただ、細かい理屈以前の大事な感覚を身につけられた時間だったと今になって感じている。

フォーラム「誰が決めるん？　命のおもさ」の登壇者の一人、井出佐智子さんの娘の朱香さんが、このたび文章を寄せてくれました。光《ひかり》ちゃんのおばあさんが、近くのスーパーに勤めておられ、私が育子と買い物に行くといつも笑顔で接してくれました。「かわいい」とあまり言ってもらったことのない育子でしたが、光ちゃんのおばあさんは、いつも「かわいい」と言ってくれるのでうれしかったです。

しばらくして「うちに孫が生まれたんだけど、障がいがあって。母親である娘が、元気がないから髙田さんたちの会に入れさせて」と声がかかりました。家族全員での参加が続きました。光ちゃんのお母さんは、ハンドベルや和太鼓などでメンバーを楽しませてくれる存在となりました。

うちの光へ

井出　朱香

「誰が決めるん？　命のおもさ」の講演会の話を聞いて、やっぱり障がいをもつ人に対して偏見をもつ人もいるのかなと思い、それが悲しくなったけど、がんばっているお母さんや兄弟、姉妹を見ることができてよかったと思いました。

妹の光が生まれたときは、障がいとは何かというのはあまりよくわかってなかったけど、とても目がキラキラしていたり、ハイハイしながら私についてきたりしていて本当に可愛い子だなと思っていました。今でもよく小さなことでも笑ってくれて、私もそれで笑顔になったりすることもあります。

お母さんから、光の友だちが別に悪気があったわけではないけど、光が障がいをもっていると聞いてかわいそうと言った子がいたらしく、お母さんは、光は光で楽しく元気に過ごしているから、障がいをもっているからといって、かわいそうというのは少し違うと言ったという話を聞いて、私ももしそういうような状況になったら、同じことを言えるようになりたいと思いました。

私は障がいをもっている子の姉だからといって、友だちに何かを言われたりすることは一度もありませんでした。それは、光がいつも笑顔で元気で明るくて、勉強でも運動でも人一倍努力して、いろんな人がそれを認めてくれているからだと思います。

お母さんもこの前言っていましたが、「光ちゃんのお姉ちゃんの朱香ちゃん」と、よく言われます。しかも、私

個性豊かな仲良しきょうだい

がまったく知らない子からも言われることがあり、そのたびに、光は本当に友だちが多いんだなと思います。そんな光を私は誇りに思います。

私は今演劇部に入っていて、脚本を書いたりもして、同学年の子と『障がいをもつ人ともたない人は何が違うのか？　どちらも同じ人間で、どちらも尊い命ではないか』というテーマで脚本を書いてみようと言ったりもしています。そのときに、妹がダウン症だということ、ほかの人と何も変わりないということを話しました。その話を聞いた友だちも、やっぱり、障がいをもっているからといって、だから、何だっていうことはないよ、と言ってくれて、私も本当にうれしかったです。もし、障がいをもつ子に対して偏見をもっている人が私の近くに現れたら、それは違う、ほかの人と何も変わらない、ということを伝えたいと思いました。

素敵な出逢い

母／井出佐智子

「いっしょにね!!」は、実家の母伝えで活動を知り、ダウン症の子どものお母さん、熊谷さんからのお誘いをきっかけに入会しました。

それまで初めての場所や賑やかな場所が苦手だったのですが、ミュージックケアに初めて参加したときに、すぐに私の手を離れ、先生とのセッションを笑顔で楽しんでいました。そんな光の姿をみて入会して本当によかったと思いました。また、勤務先の保育所の同僚と保護者ではじめた「和太鼓サークル」にも、私の4人の子どもが一緒に参加するようになりました。ボランティアでデイサービスや地域のお祭りなどに参加しています。また「いっしょにね!!」の行事でも企画してもらえることで、わが家と「いっしょにね!!」の縁は深まっています。

4月から地元の中学校に通う光は、私の叱咤激励に泣きながら、ときにはすねながらもがんばれる子どもです。そんな光の日々の成長がうれしいです。世の中、一瞬先は闇と言われることもありますが、光の笑顔やがんばる姿を見ていると一寸先には光が見えます。だから、かわいそうではないという感じではなく、かわいそうと思うことがないという感じなのです。

地域の中学校に入学。さぁ、出発だ!

子どもから親への手紙

人それぞれの感性や考えがあることを、障がいのある人のきょうだいがしっかり書いてくれました。療育の必要な重い障がいのあるきょうだいがいれば、日常がその子どもを中心でまわすことで精いっぱいの時代でした。移動支援も放課後等デイサービスもありませんでした。一番、母親に甘えたい幼児期にきょうだいは手のかからない子どもでいることが強いられていたのです。自分の存在を知らしめるために出したSOSを、大人になって書いてくれたことは本人にも家族にとってもよかったのではないでしょうか。

兄

T・S（仮名）

私には知的障がいのある一つ上の兄がいます。兄と家族のことで、これまで私がかかえてきたことを書きます。

兄と私は年子ということもあり、身体的な成長スピードはお互いに変わらず、私としてはこれまで「兄には障がいがある」という認識はなく育ってきています。兄の障がいについて、一番近い表現としては「〜ができないという個性」として捉えています。

ここで私が思う、両親と私で兄に対する考えの違いを示します。両親は共にいわゆる健常者家族の中で育ってきたので、兄の成長を見るに「障がいがある」と驚き、困惑し、悩み、また、その良さにも気づいてきたと思います。こうした障がいに対する強い意識から、幼い私が周囲からの偏見などで攻撃されないように、私と兄の面倒を見ながらも「いっしょにね‼」などの活動をしてくれました。本当に感謝しています。

一方の私はというと先にも述べた通り、兄に対して障がいの意識はありません。私は小中高、大学、就職と進み、兄も支援学校、作業所と進んだので、お互いの生活を歩んできたと思っています。このようなきょうだいの感覚は普通のきょうだいと変わらないのではないかと思います。

最近母から、「これまであなたは、兄について知ろうとしてこなかった」と言われたことがありますが、私からすれば、きょうだいを互いに意識して知ろうとは思えませんし、個性としているものを今さら障がいとして落とし込むことはできません。この感覚のズレがあることをわかってもらいたいのです。

次に兄の存在で苦しんだことを書きます。

私が小学校低学年の頃に、もし両親がいずれいなくなり、私と兄が残されたとき、両親のように兄の面倒を見ながら働いていくイメージができず、塞ぎこんだ時期がありました。小学校で生活の学習が始まり、両親や祖父母などとの関係性を学んだ頃でした。兄は通院やリハビリなどが非常に多く、身辺の介助も必要なことを物心ついたときからずっとみてきたからです。現在、兄はグループホームで生活し、あのときの不安も解消に向かいました。グループホームは家以外の居場所の選択肢としてみられるので安心できるからです。

私と同じように、障がいのあるきょうだいがいて将来に不安をもつ子は、案外と幼い年齢のときからでも漠然とした不安をかかえもつのだと知ってほしいのです。大学のとき、障がいのある妹のために自分は結婚しない。自分が家を離れれば妹の行き場がなくなる、と言ってる先輩がいました。こうしたことからも、不安をかかえるきょうだいへは、早めに具体的なメンタルケア（専門機関ではなく、家族からの）が必要になると考えています。たとえば、確定でなくても、どのような将来に進むのかを伝えてもらえるだけでもよいと思います。

子どもの手記を読んで

T・S（仮名）の親より

子どもが手記を書いたきっかけは「いっしょにね!!」夏号を受け取ったときのことでした。夏号の特集「きょうだいの作文」の中に、子どもの気持ちに近いものがあるのかどうかと思いお便りを見せたところ、「この中には、ない」と。それなら「あなたの率直な気持ちを書けば、その思いに近いきょうだいたちがいたら安心するんとちがう？　時間があったら書いてくれる?」という軽い会話だったのです。

しばらくして書いてくれた内容は、かなり必死に訴えるもので、私にとってとても重要なことでした。確かに小学校低学年の頃にこんな時期が突然始まり、あわてて担任の先生に相談しましたが、特に思いあたるような原因がなく、きょうだいがテーマの学習会に参加したり、当事者のお母さんに直接、話を聞いてみたりしていました。まだ、幼い子どもなりに将来を見据えたからこその塞ぎこみだったということが、今わかりました。

当時を振り返れば、私自身は子どもたちを育てることに必死だったのと、子どもたちを世間の目から守ることや、いずれは、子ども自身でも自分を守れるようになることにばかり意識が向かっていたので、まさかそんな先の「兄との生活」を思い描いて不安になっていたとは思いもしませんでした。一番身近な存在である家族が、その塞ぎこみの原因だったのか……と一瞬愕然としました。〝灯台もと暗し〟です。

なぜ、その低学年のときに言わなかったのかを聞いてみたところ、「親にはどう伝えていいかわからなかった。その不安が漠然としていて伝え方が定まらなかった」ということでした。そうやろうなと思います。

自分も含め、うちの家族は、それぞれ自分のことで精一杯なところがあるから、家庭環境によるところが大きいかもしれません。長い間不安をかかえさせて申し訳なかったですが、今こうして本心を語ってくれたことをとてもうれしく、ありがたく思います。

このような感情をもつお子さんが、他にもいるかどうかはわかりません。でも今まさにこれに近い思いをもち、自分でもわからない不安をかかえているきょうだいがいるなら、親は子どもが低年齢であっても、こういう感情をもつ子がいるということを知っておくべきかもしれないと思い、投稿いたしました。それに、たとえ子どもが成人になっていたとしても、親には言いにくく、次への一歩を踏み出すことを躊躇しているきょうだいがいるかもしれません。親なきあとを考えているのは、親ばかりではない場合もあるということです。

子どもがかかえていた気持ちを知り、私は、親である私たちと同世代の方で、ごきょうだいがなんらかの施設等に入所されてる方の、これまでに感じていた思いも聞いてみたいです。

健常者として華やかな記録を残したｔｏｍ君。インターハイの円盤投げで日本一になったあと、交通事故から中途障がいのある競技者として生きることになったｔｏｍ君。

私の弟の親友の息子である彼のことは、ずっと気になっていました。初めて会ったときに歩きにくそうに、私に近寄って来ました。そして、利き手が使えない彼の姿を見て、胸をつかれました。

講演会もできると知り、2回講演をしてもらいましたが、まだ、失った何かとたたかうような気持ちが伝わるのです。

彼のアスリートとしての障がい枠には、上肢片側の損傷の程度での区分はありますが、利き手であるかどうかまでは問われていませんし、歩きにくい脚についても区分に入らない程度の損傷です。毎日トレーニングしモチベーションを保ち、競技する中での葛藤は相当なものがあると思います。

まだまだ29歳。育子と同じ年で、障がい者として生きるようになってからの年数は短い。伝える立場にある彼に、知ってもらいたいことが、まだまだたくさんあると思っています。

障がい者として生きてみて

tom

●やりたい、やるべき競技がある

私は、19歳のときに交通事故で傷害を負った中途障がい者で、現在はパラリンピック陸上競技に取り組むパラアスリートとして活動しています。事故直後は、寝たきりの可能性もあり、両親に迷惑をかけるくらいであれば、死んだほうがマシと思っていた時期が数日程度ありました。しかしながら、主治医含め多くの看護師さんや理学療法士さん、作業療法士さんの協力を得て、今では飛んで跳ねて投げる競技者にまで回復することができました。また現在においても、支えてくれる友人や恩師など数多くの方のお世話になっていると感じています。

私がこうして活動している・できている状況は、望んで競技に取り組んでいる部分と、競技に取り組むことが、社会の一員として生活を築くために必要不可欠な部分とがあります。障がいの有無にかかわらず、「望む」部分と「しなければならない」部分が重なり、今の生活が成り立っているので、恵まれた環境におかれているように感じます。障がいがない健常者においても、想い描いていた職業に就くなど、思い通りの人生を歩んでいる人はごく一部です。障がいをかかえていることが原因でやりたいことができない、思ったことができない人は数多くいると思います。そんな中で、やりたい競技がやるべき競技であるということは恵まれている

父にそっくり^^

のではないでしょうか。

●「障がいがあってもできることがある」

私が障がいを負ってから早いもので9年ほどたち、未だに過去のことを引き合いにだして、「もし障がいがなければ～」のような、非常に非生産的で現実味のない話をされることが多くあります。私に障がいがなかった場合の話をされても、何の意味もありません。私には障がいを受け入れるまでの葛藤なんて2、3日程度しかありませんでした。障がいを負ったことは仕方のないことなので、障がいを負った自分が今、何をしたくて、何をすべきか？何ができるのか？どうすればできるのか？何が必要なのか？を考えて自分を理解していくことが、自分を成長させる方法ではないかと考えています。またその考え方は、健常者・障がい者共に自分自身を成長させるために必要なことではないかと考えています。

前向きに自分を変えていくことは不幸なことか？と非生産的な話をされているときに思うことがあります。障がいがなければ教員免許をとって教育に携わり、生徒が目標や夢を見つけるきっかけを作りたいと思っていました。障がいを負ってからは、障がいがあっても自分のしたいことができる可能性と、障がいがなければ、それ以上の可能性があることを社会に向けて発信すべきことがあると思っています。「障がいがあるから諦める」ではなく「障がいがあってもできることがある」と考えられる世の中に変革していくことが共生社会を進める上で必要なのではないでしょうか。

●障がい者、家族の立場で共有の課題として考える

私が「いっしょにね!!」とかかわって感じたことは、親が子に思う気持ちは同じというこ

とです。誰しもわが子が健康で幸せに生きてほしいと思っているということを感じました。もし生まれた時点で、わが子に障がいがあったら殺すという親はいないと思います。もし、明日わが子が私のように障がい者になったら殺すという方はいるでしょうか。生きている限りは、私のような交通事故や感染症によって障がい者になる可能性を誰もが有しています。私が障がいを負いながら生きているように、わが子が・友人が・知人がいつ障がい者になるかわかりません。もしわが子や友人・知人が障がい者になったとき、死んでほしいと思う人はいないと思います。また障がい者になった場合においても、生きていくことのできる環境をつくるために「でも・だって・もし」といった考え方を捨てて、何をすべきか？　何ができるか？　障がい者の立場やその家族の立場に立って共有の課題として考えられる社会づくりを進められればと思います。

たくさんの人に感謝（2019年４月）

誰が決めるん？　命のおもさ

この本を出そうと決意した直接的なきっかけは、3年前に起きた津久井やまゆり園事件です。現在もまったく反省の言葉のない植松被告に憤りを抑えられませんでした。私も所属している岸和田市肢体不自由児者父母の会には、重度の子どもたちがたくさん所属しています。ちょうど父母の会発足50周年ということで、2018年に「いっしょにね!!」を含むいくつかの団体と共催で公開講座「誰が決めるん？　命のおもさ」を企画し、事務局とコーディネーターをさせていただきました。

タイトルは「いっしょにね!!」の活動そのもの、若手会員の熊谷さんからの発案で即決しました。チラシのリード文は社会保障の観点からとの前置で、植松被告のような考え方をする人が目につく昨今、そのような人にも届けとの思いで戸部さんが作ってくれました。「命があることと生きていることは違う？　人の価値って？　いてくれるだけでよいという気持ち、世の中に邪魔者はいるのか？　誰もが幸せを感じる社会とは？　今の私にできること……命のおもさについて皆さんといっしょに考える日にしたいと思います」というメッセージを入れてくれました。読売新聞大阪本社・原昌平編集委員、佛教大学社会福祉学部・田中智子准教授他8名の登壇者や協賛・後援団体の方そ

れぞれの話やその後の感想を読み大変有意義であったと思いました。

原昌平編集委員からは「すべての人に、生まれつきの差があり環境の違いがある。ときどきの事情があり運も作用する。すべてが抜群という人はいない、不完全である。すべての人には限界があり弱さをもっている。すべての人は思うようにいかない。すべての人は死を避けられない。すべての人はかけがえのない命。人生は思うようにいかない。個性があり、尊厳があり、生きる権利がある。存在価値がある」と心に響くメッセージをもらいました。29年前にほしかった言葉でした。また植松被告にもこのようにだれかが小さいころから言ってあげていたら、あのような事件は起こらなかったのではとふと思いました。

またこの日、田中智子先生から私たちの障がい者の母の「老いる権利」という考え方を初めて教わりました。これについては、この本でもっと深く知り、広げたいと思います。

瞳の色が違えども

2019年、障がい者の母の「老いる権利」について研究されている田中智子先生とイギリスに行き、ロンドンの支援学校・作業所や親の会のお母さんとの懇談など貴重な体験をしてきました。

重度の子どもがいるお母さん3人のお話しによると、

ロンドンにある障がい者のサポート施設（2019年1月）

子どもさんは30歳に達していませんが、施設にすでに入所し、週末は自宅で楽しまれているとのことでした。重度の子どもはケアする人も本人も慣れるのに時間がかかるとのことから、支援学校の時からショートの利用の機会があるそうです。また次に機会があれば、施設でどのような暮らしをしているのか見学させていただきたいと思いました。田中先生からロンドンのお母さんに「もし万一、あなたに何かあった場合の心配はありますか?」と質問がありました。

「息子は話ができないんです。今も一番理解しているのは私だと思っています。万一のときのことを考えるとつらいです。また今よりも福祉の質が下がったときに自分たちがしてきたような運動をして、福祉の質を高めてくれる人たちがいるのかと考えると……」ということでした。話すうちに、うっすらと涙が浮かんでいました。

子離れを視野に

私たちの少し前の世代の父母の方は、重い障がいがあることで学校に行けなかった就学免除時代に大運動を起こされ、子どもたちは学ぶ権利を得ました。そのおかげで、娘には療育も学齢期も整備されていました。その後の足りない施策について、知らない顔をせずに取り組んできたのは、服部玲子さんとの出逢いがあったからです。

「いっしょにね!!」の活動だけではなく、福祉施策の充実のためには、今困っている人が声を出すことが大事だと、繰り返し教えてくれました。服部さんを通して、佐藤ふきさん、家平悟さんともつながりができました。一つの家族の困りごとをもっとみんなで考えていこうと、福祉事業所の方が動いてくれる時代を経験しました。その後、母親のレスパイト、就労保障の観点からタイムケアについて前に進めるために、府下2か所ある事業所のうちの1か所を安藤長さんや仲間と力を合わせて立ち上げてきました。会を立ち上げるということは資金面も一からです。バザーは「言いたい放題の会」からずっとしています。

立ち上げてきた会を支えるためのバザーは、月に3回くらいの割合で行っている時期もありました。タオルを安くわけてもらい母親が友だちとマットにしてくれました。1000枚以上は縫ってくれました。私たちもバラ農家から大量にもらったものを乾燥させたり、アレンジしたり。アケビに松ぼっくりや綿の花をつけたリースなど何百もの数を作りました。それだけの活動をこなす若さがありました。シニア期に入った仲間は、それぞれに今、子離れを視野に入れて暮らしていますが、子どもの暮らす場所は数も足りませんし、質にも問題を感じて手放しきれない人も多くいます。

一緒になって社会を動かす応援団に

まだ、今からひと踏ん張りしなければいけないのです。見学会や情報交換、事業所と意見交換もできる仲間が大切です。そこに健常の子どもの家族にも加わってもらいたいと思うのです。親の介護や孫守りで多忙かもしれない人たちにも、障がいのある人の親離れの場所、親亡き後の施設を一緒に見てほしいと思うのです。

そしてこの本は、私も含め多くの人が実名で実際の生活を書いています。津久井やまゆり園事件では、匿名報道がなされた。これは亡くなられた方の家族の思いを察してのことかと思いますが、今の日本の社会の障がい者に対する見方、福祉の水準を表しているのだと思います。その後、私はＮＨＫの番組のコメント欄を見ました。その中にはこんなことがあってはいけないという意見が圧倒的に多いものの、なかには植松被告の考えにも賛同できるという意見もあり、大変ショックを受けました。

今回、岸和田という地名や登場する人を実名で書こうと決めたのは、「髙田さんという人は、このような人なんや。このようなことを求めているんや」ということを知ってもらって、一緒になって社会を動かす応援団を増やしたいという想いからです。自分のこと、子どものこと、家族のことを実名で書いてあり、書いてあることもすべて事実です。今も、そうやって生活している人のことを知ったうえで、「気の毒やな」ではなく、「どうしたら障がいがある人も家族も生きやすい社会になるんだろう」ということを一緒に考えてほしいと思います。それがこの本を実名で出す想いです。

絵本『わたしの妹』『ゆうくん』でホッとしてほしい

そして、この本を手に取ってほしい人たちが他にもいます。今、まさに障がいのある子どもを授かって子育てをスタートさせたお母さんたちです。私自身、障がいのある子ども専門の病院で、何日もいえ何十日、何百日と不安な時間を過ごしました。子どもは大丈夫だろうか、この子の将来はどうなるんだろうか、そして、私たち家族の未来はどうなるんだろうか、きっと胸が張り裂けそうな気持ちで待合室のロビーに座っておられることと思います。

以前、そのような病院で、不安を口にする私に「お母さん大丈夫です！」と明るく答えてくれた看護師さんが、その後、障がいのある子どもを産み「あのときの大丈夫を撤回します。私も今とても不安です」と言われました。

そんなとき、この本や紙芝居を元に制作した絵本『わたしの妹』『ゆうくん』を読みホッとしてほしい、そして先にも後にも同じような経験をした仲間がたくさんいることを知ってほしい、そして地域にはあなたの応援団もたくさんいることを知ってほしい、そういう意味で「大丈夫」という思いを伝えたいと思います。

NPO法人まんまる★設立10周年記念

～まぁるい笑顔とまぁるい気持ちをまぁるくつなぐ～

PART 4

障がい者の母親の「老いる権利」とノーマライゼーション

「いっしょにね!!」世代の「障がい者の親」の生き方

本書は、髙田美穂さんという「いっしょにね!!」を立ち上げた方の子育ての歴史と並行して走る活動の記録、それに関わってきた人たちの思いを書いた手記を中心に構成されています。髙田さん、ならびに「いっしょにね!!」の活動が、エネルギッシュで魅力的なことは、本書を通じて、十分におわかりいただけたと思います。実際にメンバーに会ってみると、その輪の吸引力の強さと、居心地の良さに取り込まれていくことと思います。実際、私もそうなった一人です。本書を執筆したメンバーの多くが、15年ほど前に、HOT&ほっと・田中智子編『聞いちゃって』の出版に関わりました。その当時は、多くのメンバーが30代から40代、子どもたちは学齢期で、子どもたちの放課後の居場所保障と親の就労の実現のためという目的に向かって100人くらいが集まっていました。私たちは、子どもたちの居場所づくりの活動をしながら、深夜にまで及ぶ話し合いを重ね、さらに困っている人がいればみんなで支え合うというとても忙しいけれど、今振り返ってみても、私にとっては青春の一コマとも思えるような充実した時間を過ごしていました。

しかし、それから15年が経ち、親たちは50代から60代を迎え、子どもたちは20代から30代に差しかかっています。一般には中年期（海外ではemptynest〈空の巣〉期とも言われ、子どもたちが巣立った後、親だけが残された状態を指します）と言われる子育てが一段落した後の、自分の生活や夫婦関係の再構築、中には親の介護などの課題と向き合う年代です。しかし、今でも「いっしょにね!!」のメンバーの中の障がいのある子どもを抱える母親たちは、相変わらず子育て期にあります。しかも、15年前よりも子どもの身体は大きくなり、親たちの身体は年を重ねた分ケアは大変になり、さらには自分や配偶者の不調、親の介護、看取りなどの課題が同時多発的に生じています。『聞いちゃって』を作っていた頃は、生活の中の大変さはいろいろありつつも、自分たちで何とかしよう！や何とかなる！という前向きな勢いがあったような気がしますが、今は、話し合いを重ねてみても、そう簡単には物事が解決しないという重い空気が漂うこともしばしばです。

過渡期にある「障がい者の親」

髙田さんたちは、障がい者の親という生き方でみたときには、過渡期にいる世代と言えます。それ以前の親たちの中には、子どもの就学免除・猶予を経験した人も少なくなく、家族を支える福祉サービスもほとんどない中で、まさに家族が丸抱えする形で子育てやケアを担ってこられました。さらには、子どもが学校に行けるようにするための不就学児をなくす運動や、作業所づくり運動など、子どもの居場所をつくるための社会への働きかけそのものが親としての役割の一部となっており、今でも親の会などの主要な役割を担っておられる方も少なくありません。本当に過酷な子育てを経験されてこられたと思います。

一方で、髙田さんたちの次の世代、現在の学齢期世代の子育ての様子は一変しています。放課後は、学校までデイサービスの車がお迎えにきて、土日もガイドヘルパーなどでお出かけを楽しんでいる様子を街で見かける機会も多くなりました。その世代の親の中には、仕事をしたり、少しは自分の時間をもてている人もあり、社会運動ということを経験しない人も増えてきました。したがって、現在では親の会の継承問題などは深刻です。

髙田さんたちは、そのような対極的な子育てを行ってきた世代に挟まれていて、前の世代の苦労している親の姿も直接見聞きされており、ご自身の子育ての中では、徐々に社会資源を活用できるようになってきましたが、次の世代のように最初から、ケアを支える資源がある前提でもない子育てをされています。以前、同じ世代の他の母親と話していると、親の会で母親の就労の話はタブーだから話題に出せないということを聞きました。前の世代にとっては、働くなんてとんでもない、夢のまた夢、そして後の世代にとっては働きたい、もしくは働かなければならないということで、その両方の事情がわかる私たちがつなぎ役にならなければと思うのだけど、なかなかお互いに理解するのは難しいという話でした。

「障がい者の親」のノーマライゼーションは実現したのか

しかし、「障がい者の親」という生き方は、時間的な流れの中で本当に楽になってきているのでしょうか？　障がい者福祉分野においては、ノーマライゼーションという目指すべき方向性を示す言葉があります。それは、障がいのある人たちの生活を同時代、同社会、同世代を生きる人たちの暮らしと同じにする（ノーマルな生活を送る）ということと、障がいのある人たちを含む社会を当たり前にする（ノーマルな社会にする）という二つの意味が込められた言葉です。つまり、ノーマライゼーションは、時間軸的に縦ではなく横でみていくことが重要ということなのです。確かに、時間軸的に縦で見た場合、昔と比べて今の子育ては、社会資源も整備されてきてずいぶん親の負担は減っているように思えます。しかし、時間軸的に横で見た場合、つまり同じ世代の障がいのある子どもがいない母親たち、女性たちの生き方を比べてみるとどうでしょうか？

たとえば、就労できるようになったといっても子どものケアを優先せざるを得ないために、正社員を諦めた、働く時間が十分に取れない、通院などで休みがちになる、そして子どもが寝た後に働くなど、不安定な働き方をしている人も少なくありません。このことから、貧困が社会の多くの人々に経験される現代において、障がい者をケアする家族はもっとも貧困リスクの高い社会的集団の一つといえます。以前と比べて、結婚する・しない、子どもをもつ・もたない、就労を継続する・しないなど、女性の人生の選択肢が増えるように見える現代だからこそ、ケア優先の生活をせざるを得ないという点において、同年代の女性たちの生活の仕方と、よりいっそう乖離しているといえるかもしれません。

つまり、横の軸で見たときに、同年代の女性たちの生き方との溝が埋まったかという点で考えたとき、就学猶予を受けていた子どもたちの母親と、今、福祉サービスを使いながら生活をしている母親たちはそれほど違いがない、もしくは溝が広がってきているといえます。そして、どの年代の親も変わらず口にする「親亡き後」の不安については、本書にも多く綴られているように、今も昔も親にとっては相変わらず最大の問題として横たわっているのです。

「いっしょにね!!」を通じてのインクルーシブな社会への種まき

本書において十分語られていますが、「いっしょにね!!」の重要な点は、子どもの障がいの有無にかかわらず、大人も子どももつながっていることです。まさに多様性を前提とし、それを包み込むインクルーシブな社会の実現です。しかもそれが地域に密着することで、身近な地域を耕し、それが社会を動かすことにつながっていることも重要です。

最近は、小さな子育てサークルやSNS上のつながりはたくさんありますが、それらの多くは子育てをしている当事者だけで完結するものであったり、中には匿名のものもあったりするので、その場かぎりではつながっていても、地域での実生活では孤立しているという人も少なくないと思います。

インクルーシブな社会、つまり多様性があるという前提で、みんなで子育てを進めていく最大の価値は子どもを一つの物差しで評価しないということだと思います。そのことは、大人にとっても子どもにとってもとても居心地が良いものだと思います。障がいの有無にかかわらず、多様な人間がいて、生き方があって、価値観が存在すること、まさに「一人ひとりが違って、そのことに価値がある」ということを幼少期から経験を通して理解することは、障がいのない子どもを育てる親にとってもとても大事なことだと思います。そして、そのような価値観によって育まれた地域は誰にとっても住みやすいのだと思います。

子どもたちのありのままの姿を受け入れ、思いや願いなどを尊重して子育てできるというのは、良い成績を取ることや運動などで良い成果を出さなければならないという、単一の尺度で子どもたちを評価しがちな今の社会においては貴重なことかもしれません。PART1で障がいのない子どもを育てる母親たちが異口同音に書いている「自分の子育てが楽になった」ということが、そのことを言い表しているのだと思います。

そして、インクルーシブな価値観を子どもたちの中に育てるということには、おそらく臨界期があるのではないかと思います。ある程度の年齢になって、頭で考えて、お互いの違いを理解する前の年代に、障がいの有無にかかわらず一緒に遊ぶというのは、まさに心がつながるという経験だと思います。それは、その後、生きていくうえでの重要な軸となっていくことは、PART3で「いっしょにね!!」で育った子どもたち（今は大人）が、書いてくれた通りで、彼らがつくる次の社会はまさにインクルーシブなものであることが期待できます。

個人の問題は、社会の問題

そして、もう一つ、「いっしょにね!!」の活動で重要なのは、「個人の問題は、社会の問題である」という視点だと思います。『わたしの妹』という紙芝居では、一人のきょうだいの経験が描かれていますが、なぜそのきょうだいがしんどい思いをしたのかというのは、障がいの人たちを受け入れていない社会の仕組みに問題があります。「いっしょにね!!」の親たちがいろんな手記の中で書いている困りごとは、いままでいろんな機会で発信され、お祭りに障がいのある人が参加できるように地域の意識や取り組みが変わったり、福祉制度の不備を行政に訴えることで制度を変えていくなど、「ひとりぼっちの人をつくらない」ためには、地域・制度・社会を変えるということを粘り強く行ってきたということも重要な意味があると思っています。

　そして、活動がこれだけ長く続いた秘訣は、〝障がい児の親〟という単一のニーズをもつ人たちだけではない人たちによって構成された集団であったということも重要だと思います。学校等への訪問活動も、障がい児の親だけでやっていたら、生活と両立できずそのうち行き詰まることになっていたかもしれませんし、また、それに関わる人も多様な人たちが、「障がい」を入り口にそれぞれの思いで社会とつながっているので、受け取る側も多様な受け取り方ができるのも魅力だと思います。

　髙田さんが、以前、〝困ったさん同士の助け合いの先にあるのは共倒れ〟と言われていた言葉が印象に残っています。

　私も岸和田で生活していた頃のとても印象深いエピソードがあります。あるお母さんが余命宣告をされる状況にあったのですが、子どもと関わる時間を少しでも長くもちたいということで、覚醒レベルが下がるような薬はなるべく使いたくないという希望を出されました。そこで、痛みなどを和らげるために、髙田さんたちが交替でマッサージに行かれていたのですが、ある日、私も行ってと頼まれました。しかし、私は一面識もないのでいけませんとお断りしたときに言われたのが先の言葉です。障害児のお母さんだけでは、長い入院生活を支え切れないから、私にも行ってほしいとのことでした。断りきれずに、何度か病院に足を運んで、そのお母さんともいろんな話をすることができました。そして、「信頼できる人たちがいるから、少しだけ安心して逝くことができる」と言われました。その後、亡くなられるときも、それに続く葬儀もまさにみなさんが力を出し合っておられました。

　単一のニーズをもつ人だけではなく、多様な人たちで活動を進めていくことの大事さを改めて実感することができました。

障がい者の親の「老いる権利」の確立を

本書のPART2では、障がいのある子どもの親の今の姿にクローズアップしています。共に子育てをし、一緒に活動をしてきたメンバーの中でも、やっぱり障がいのある子どもの子育てを担う人たちが直面している現在の課題は深刻なことがうかがえます。一般的な子育ての場合で考えると、「いっしょにね!!」世代の人たちの子どもたちは独立し、ときどき交流しお互いを気遣いながらも、親子がそれぞれの生活を送っている時期です。しかし、今なお、子どものケアを全面的に担いながら、福祉サービスの調整をし（それも髙田さんが、「毎回がお泊り保育」と表現するように、予約や準備などサービス利用に至るまでの過程はとても手間ひまがかかるものです）、そして生きるための道筋を親が考えなければならないという障がい者家族の生活を考えると、まだまだ倒れることはできないという親の思いは当然です。しかし、母親の中には、両親世代や配偶者、中には孫など複数のケアが必要な人を抱えながら、自分自身も病気であるという人も少なくありません。何より、親が離れられないという仕組みは障がい者本人にとって、自立する機会を失わせるものとなります。

私が、関わっている知的障がい者のグループで、あるとき何気なく、メンバーの方に「どうして一人暮らしやグループホームなどにチャレンジしないのですか?」と聞いたことがあります。そのときに帰ってきた答えは、「そんなに簡単に言わないでほしい。自分が出て行った後の親たちのことを思うと、家を出たいなんてとても言えない」というものでした。親が、自分の生活や人生を犠牲にして自分のために生きているということは子どもである障がい者にも十分伝わっていて、そこまでしてくれた親たちにとって自分なしの人生はどうなるんだろうという板挟み状態になっていることがうかがえます。

いろんなきっかけで、自立したいと思っても、その一歩を踏み出せない、そして自立のタイミングを逸した障がい者が、親がケアできなくなった後に自分自身が高齢に差し掛かる時期に親以外の人たちの手によって生きていかなければならない、そして親亡き後の長い人生を自分で歩んでいかなければならないことを考えると、ある時期までに親子それぞれが別々の暮らしを営み、適度な距離感を保つことのできる仕組みづくりは重要です。

「老いる権利」とは

だからこそ、障がいのある人たちの親は、子どもが生まれて以降、自分自身が老いるまで、場合によっては亡くなるまでの長い人生を子どものケアラーとして生きるのではなく、ある時期になったら子どものケア役割は社会に委ね、自らの中年期を過ごし、その後に続く高齢期に向き合う準備をするための時間をもてるようにしなければなりません。そして、ちょっと離れたところから、子どもの生活を見守り、時には親子の交流をするというような、「老いる権利」の確立が重要です。

具体的には、適切な時期に親子の生活の分離が可能な社会資源の整備と、その後の家族の交流を保障するための制度が必要です。たとえば、入所施設を利用する障がい者、介護保険を利用する親が、お互いに会いに行く際のヘルパーなどの援助（現状の制度は両方とも使えません）などが考えられるべきです。

髙田さんが、この本に込めた「人生後半期の最後の運動をするための協力者を募る」という必死の覚悟は、制作過程の折々に伝わってきました。それは、今の時代を生きる親たちには必要なことですが、次の世代の親たち（私自身もそこに含まれると思っています）は、そこまで親が肩ひじ張って子どもの人生を何とかなしなければという思いを抱かなくて済むようになることを心から願っています。ですから、子どもの障がいのあるなしにかかわらず、当たり前の家族の生活が営めるようにするため、先に述べた社会資源をつくるための運動などのもうひと踏ん張りに、私も一緒に力を出させてもらいたいと思います。これが実現することは、障がい者およびその家族にとってのノーマライゼーションが実現することだけではなく、子どものあるなしや、どういう家族をつくるのか（あるいはつくらないのか）にかかわらず、すべての人にとって生きやすい社会をつくることにつながると思っています。

いっしょにね!!　活動記録より（一部抜粋）

※サン・アビ＝サン・アビリティーズ

1995・2・25〈結成前〉
●三輪真子先生のあまの式リトミック見学と打ち合わせ
（家庭教育学級あすなろ有志・元言いたい放題の会メンバー）in サン・アビ
会の名前決定・やっていきたいことを出し合う

1995・3・3〈結成前〉
●いながわ療育園父母の会のミーティング
ひとりずつの想いを出し合う。健常児の反応が気になると複雑な本音も。
in サン・アビ

1995・3・9〈結成前〉
●あまの式リトミックの体験
in サン・アビ

1995・3・11
●いっしょにね!!　サン・アビ　スタート（毎月1回）
●『お便り』毎月発行

1996
●『ふれあいの中で…』発行（子どもたちの作文に触れ合う大切さを再確認）
●自主上映会『奈緒ちゃん』
in 春木市民センター　2回上映　300名参加
●いっしょにね!!　Yamadai　スタート（毎月1回）

1997
●公開講座「日本の子どもは幸せですか?～スウェーデンからの問いかけ～」
ストックホルム大学社会福祉学部大学研究員　訓覇法子さん
in 福祉センター　181名参加　保育45名
●「みんないっしょにコンサート」
さをり織りの衣装でファッションショー
in マドカホール　96名参加

1998

●公開講座「子どもの自由と幸せの鍵を考えてみませんか?」
〜親ばなれ、子ばなれは、親の幸せ子の幸せ〜
いずみ野福祉会　板原克介先生
in 岸和田市福祉センター　69名参加　保育47名

●公開講座「『子どもの権利条約』ってなに?」
和歌山大学　山本健慈教授
in 春木市民センター　85名参加　保育28名

●文集づくり　全会員が今の気持ちを綴りました。
180ページもの大作になりました。

●紙芝居作成　実話をもとにした物語を、紙芝居にするためみんなで話し合い、図書館にも行きました。
『わたしのいもうと』完成。知的・内部・肢体重複障害のある妹と健常の姉の物語です。

1999

●出前紙芝居隊結成。
・クイズ（障害のある人にとって必要なもの・共用品などをクイズ形式で紹介）
・パネルシアターは2作品。
『みんないっしょ』視覚障害・自閉症・肢体不自由児について、わかりやすく工夫しました。2018からは、聴覚障害児も仲間に加わりました。

『ようこそ、けいこちゃん』重度重複障害児と校区の子どもたちとの学校交流の様子です。

●公開映画会『エンジェルがとんだ日』
in 福祉センター　3回上映　267名参加　保育27名

●公開講座「子どもと本を考える」
児童文学作家　丘修三先生　主催／子どもの本の会　共催／いっしょにね!!
in 自泉会館　100名参加　保育15名

2000
●公開講座「学校を語ろう～不登校という現象からみたきしわだっ子プラン～」
和歌山大学　山本健慈教授＋パネラーの子どもたち
in 春木市民センター　100名参加　保育15名

2001
●公開映画上映会『子どものそら』
in 春木市民センター　143名参加　保育27名
この上映会をきっかけに「岸和田のすべての子どもたちに豊かな放課後を保障する会」誕生、会員34名。
●『聞いちゃって』（HOT＆ほっと＋田中智子編、クリエイツかもがわ）という本に思いをまとめ、市との懇談を何度も行いました。
●「HOT＆ほっと」＝子どもたちや自分の人生のために、やるときはやる、でも時にはほっとしよう！とつけた名前でした。タイムケア実現で解散。

2002
●公開講座『ちょっと青空』上映会と小林茂監督の講演会
in 岸和田市立中央公民館　83名参加　保育28名
●出前紙芝居感想文集作成
●紙芝居『ゆうくん』完成。自閉症のゆうくんやその仲間のお母さんのお話です。

2003
●公開講座「車椅子バスケットボール体験」
in サン・アビ　77名参加
●公開講座「絵本パフォーマンス」
絵本パフォーマー　岸田典大先生　共催／いっしょにね!!・子どもの本の会
in 山直市民センター　121名参加

2004
●公開講座「障がい児リトミック」
音楽療法士　岡部祐子先生
in サン・アビ　大人43名　子ども30名参加

2005　●公開講座「笑顔で向き合って～今日から始まる安心子育て～」
池添　素先生
in 福祉センター大会議室　80名参加

2006　●公開上映会『四分の一の奇跡』
in 岸和田市立中央公民館　80名参加

2009　●「輝いて生きたい!!　障害のある子もない子も、そして大人たちも」
パネリスト＋佛教大学　田中智子先生
（三井住友銀行地域貢献プログラム活動）
主催／NPO法人まんまる　共催／いっしょにね!!
in 浪切ホール交流ホール　130名参加

2017　●『こぼんちゃん日記』（小亀文子著、クリエイツかもがわ）
出版記念シンポジウム
小亀文子さん＋シンポジスト＋桃山学院大学　松端克文教授
in 浪切ホール大会議室　300名参加

2018　●公開講座「誰が決めるん？　命のおもさ」
主催／岸和田市肢体不自由児者父母の会
共催／いっしょにね!!・NPO法人まんまる・
　クリエイツかもがわ
佛教大学　田中智子准教授
読売新聞大阪本社　原昌平編集員
三井住友海上所属　神下豊夢選手
＋パネリスト
in 福祉センター　150名参加

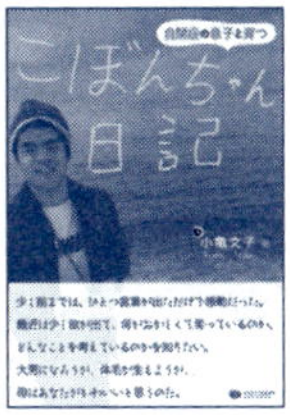

スペシャルサンクス

安藤　長＊（NPO法人まんまる理事長）
板原　克介（社会福祉法人いずみ野福祉会代表）
岡部　祐子（札幌国際大学短期大学部准教授）
小林　茂（映画監督）
佐藤ひろみ（NPO法人日本ミュージック協会、ミュージック・ケアワーカー）
原　昌平（読売新聞大阪本社編集委員、精神保健福祉士）
松端　克文（武庫川女子大学短期大学部教授）
三輪　真子（天野式リトミック講師）
山本　健慈（和歌山大学学長）
吉田　泰三（介護ヘルパー）

＊＝本書執筆者
【敬省略／五十音順】

「いっしょにね!!」の活動に協力していただいた方、支えていただいた方、
出前紙芝居の要請をいただいた方、出前紙芝居隊員になっていただいた多くの方、
お手伝い隊の方々、急遽、駆けつけてくださった方、
活動を続ける活力になってくださった方、インスピレーションをくださった方

赤垣　啓子
秋吉　英治
有田　福美
安藤　弥生
家平　悟
池側　良美
池田　啓子

池田　彩乃
池田　峰子
池田みどり
石川　寛子
石川　隆
石谷　博司
石田　明美

出原くるみ＊
出原　祥磨
出原須美玲
出原　和子＊
泉本　純伸
泉本　伸子＊
泉本　博伸

泉本　由江
井出　英明
井出　光
井出佐智子＊
井出　朱香＊
井出　夕雅
井出　和希

出野　紀子
井戸前雅一
井戸前伸子
伊都かおり
伊都さくら
伊都　小鉄
伊都小百合

伊都　鉄兵
伊都　繁雄＊
井上　真実
井上　陽太
今崎　照子
今本　昌代
今西登茂栄

今西　宏
岩崎　剛士
岩崎　千代
岩崎　洋
上村　史也
上村　美鈴
上田　益見
上田　匡志
上田　昌史
上田　由美
上田　晴菜
上田　真美
上田　望美
上田　満幸
上田　佳美
上田　香澄
上田　志朋
上田裕太郎
植田由紀子
植田　雄也
植田　佳美
植田　千尋
宇都　祐子
梅中優美子
浦田　秀徳
大野　貴子
大原　秀夫
岡田　肇

岡田　由香
岡野　裕美
岡部　耕作
置田　剛志
置田　千鶴*
奥　保久
奥　裕子
奥　美千子
奥野　幸子
奥野　紘稔
奥野　大貴
小畑　祐介
階森　亮
貝塚眞知子
香川　玲子
神下　芳美
神下　知恵
神下　篤
神下　豊夢*
川井　紗織*
川井　辰倫
川合　幸世
川合　進一
川本佐知子
喜多村千穂
喜多村忠輝
北口由美子
北野　恵一

北野　真代
北野　里恵
木下　綾子*
木下　信義
木下　恭佑
木下　優希
木村　博美
久世　和範
窪田　恵
熊取ちゑみ
熊谷　光介
熊谷　直美
クローバーの会
黒川　恵介
黒川　和子
桑原　邦彦
桑原　廉史
桑原　朋希
桑原美登利*
桑原風誘子
小亀　敬介
小亀　公洋
小亀　菜摘
小亀　文子
小島すゞ代
小南ひとみ*
小南　康寛
小南　真理

小南　佑介
小山　純子
斎場　尚子
斉藤　啓
堺　登志子
坂口　静子
阪田　久美
坂田　裕子
佐藤　ふき
鹿野　誠治
宍野　京子
宍野　光
宍野　大
柴田　嘉宏
下川　郁子
庄司　基廣
新熊　有子
杉原　弘樹
杉原　千弘
杉本　正秋
杉本　千恵
千田　玄樹
髙田　育子
髙田　伸子
髙田　直紘
髙田　利伸
髙田ナミ子
竹内　洋子

竹内　勤
竹末美恵子
武　光子
建山　美穂
伊達　進
立石　和代
田村　照美
谷崎　一恵
土井　治子
藤賀　久晶
堂脇　聡洋
徳久　貴男
戸部　孝子*
戸部　伸治
戸部　大悟*
戸部　篤
長嶋　将史
中川　麗子*
中村　善次
中村　優
中島　正幸
中嶋　風太
中道キヨ子
中　眞茅子
仲井富美子
長尾　美香
水田久美子
西村　香恵

西村　聖大
西村　歩美
西村　靖子
西村友香理
西村　陽奈
西村　令子
西田　幸子
西田　英昭
西野由美子
西脇　貴子
沼澤　俊
根来　昭美
野田　知子
橋本　深吾
橋本美香子
橋本　菫礼
長谷川秀美
服部　もも
服部　良太
服部　玲子
花田　雅宏
花田　千尋
花田　律子*
花田　尚輝
春名　昭爾
春名　節子
春名　和昭
春名ひづる

春名　昭彦
春名　有紀
馬場由美子
橋本　光壽
林　二三良
原　繰実
原　江里奈
原　伸徳
原　進
原　博之
原　美樹
日根野智子＊
日根野友紀
樋口　智子
平井　尚美
平井　清恵
平井　祐佑
平田　弘子
平田　恒久
平田　玉子
平田　雅彦
平田　信枝
平松二三子
深瀬　克仁
深瀬　則佳
藤島　味香
藤本　汐
藤本　恵
藤本　航
藤本　則彦
古谷　侑子
前野　敏也
前田　陽子
前田　正良
松本　司
溝口　秀眞
溝口　邦子
溝口眞和倭
南　淳子
南　明美
宮崎　政代
宮谷　朋子
向井　説行
森川　正則
森野　早稀
森野有紀子＊
森　正樹
森脇小百合
門前　栄次
門前　浩一
門前　寿美
門前　千恵
門前　智子
安井　良子
安井　聡
山根　真彦
山根　睦大
山根　侑哩
山本　正彦
山本　泰士
山本　直子＊
山本　隼也
山本　邦子
山本　棟子
山本　晋司
八木南小学校の
みんな
八木南小学校
ポピー学級のみんな
大和　昇
大和　和枝
米本　惠子
米澤　健一
米澤　保代
米澤　美咲
ロックンロール・
アミーゴス
脇　一博
脇　拓也
和田　典子
和田　裕子

お手話の会 碧い鳥（おはなしのかい あおいとり）

青木　光代＊
赤坂　佳子＊
池内　芳美
池田美智子
岩崎　幸子
岩元　敬子
奥野　静佳
河合　淳子
川崎　春奈
阪口　和江
坂口　雅代
平井　晃代
藪　朋子

NPO法人まんまるのスタッフのみなさん

安藤　梓
稲垣　恭平
稲葉久美子
小林　克
阪口　芳一
澤田真寿美
田中　吉行
宮田　節子
宮野　祥平
山本紗佑里
勇崎　明美
脇　裕美

■プロフィール

田中　智子（たなか　ともこ）

佛教大学社会福祉学部准教授、専門は障害者福祉論、研究テーマは障害者家族の生活問題。

大学院を休学して、社会福祉実践を学ぶために岸和田市の社会福祉法人いずみ野福祉会で働いたときに「いっしょにね!!」に出会って約15年。一緒に歳を重ねる中で、ライフサイクルを見通した社会的支援のあり方を考えるようになる。最近は、障害者家族の高齢期の生活問題に関心を寄せている。

編著書に鈴木勉・田中智子『新・現代障害者福祉論』2019年（法律文化社）。執筆に「障害者ケアから照射するケアラー女性の貧困」松本伊智朗編『「子どもの貧困」を問いなおす——家族・ジェンダーの視点から』2017年（法律文化社）所収。

髙田　美穂（たかだ　みほ）

2019年11月出版の絵本『わたしの妹』は、知的障がい、内部障がい、肢体障がいのある次女と長女の物語。絵本『ゆうくん』は自閉症の子どもの実話。これらは大型紙芝居にしてたくさんのメンバーで地域の幼稚園、小学校を中心に出前授業を続け、2019年7月に400回を迎え、現在も継続中。

1990年5月に授かった次女。生後すぐから3度も手術を受けた子どもをしっかり受けとめるまでに時間がかかった、何とも頼りない母親でした。長女は障がい者に対する偏見がなく育ち、娘婿も同様です。それがスタンダードな世の中となるように、歩み続けたいと思います。フラダンスとカラオケで発散。次女もカラオケ大好きに。

現在、岸和田市障害者施策推進協議会委員、岸和田市人権尊重のまちづくり審議会委員受嘱。岸和田市肢体不自由児者父母の会にも所属。

いっしょにね!!（ハンディのある子とない子と大人たちの楽しい出会いの会）

障がいのある子どもを知ってもらうには、まず触れ合うことからと、障害のない子どもの家族にも本当にたくさん集まってもらいました。

1995年3月、天野式リトミックの三輪真子先生を招きスタート。先生の工夫で子どもたちは自然と触れ合い遊んでいました。次女よりも障がいの重いたくさんの子どもと遊んだ、当時小学校3年生だった長女は「みんなで寝転んでクネクネとヘビごっこならできるね」と作文に書きました。現在、保育士をしています。それぞれの家庭で「いっしょにね!!」に参加したことで得たものが、この本に詰まっています。

また「私たちの生活の課題」について、これからもいっしょに考えてもらえる仲間を募っています。障がい者の親ばなれの課程で重要な役割を担う、ショートステイが極端に少なく、グループホームも不足しています。さらには施設の収容人数と障がい者の数が合わない。運営に対するスタッフが確保できないなど、現場の職員さんも苦しんでおられます。しんどくなる話もありますが、がんばっている施設などへの見学会も行きましょう。「和茶輪茶×2」では、思いっ切り笑えるゲームを用意しています。クリスマス会では、佐藤ひろみ先生のミュージックケアやロックバンドの演奏で大人も子どもも大いに楽しめます。

●ボランティアも大歓迎。シニアの母たちが会場を設営しています。手伝って下さい（笑）

［お問い合わせ］nob-1987@sensyu.ne.jp　emu.1.3@docomo.ne.jp
090-8986-5370（土・日のみ）

いっしょにね!!
障がいのある子もない子も大人たちも輝くために

2019年11月30日　初版発行

編著●田中智子・髙田美穂・いっしょにね!!

発行者●田島英二　taji@creates-k.co.jp
発行所●株式会社 クリエイツかもがわ
〒601-8382 京都市南区吉祥院石原上川原町 21
電話 075(661)5741　FAX 075(693)6605
http://www.creates-k.co.jp
郵便振替　00990-7-150584

装丁・デザイン●菅田　亮
印刷所●モリモト印刷株式会社　ISBN978-4-86342-279-7 C0037　printed in japan